中国戦略 〝悪〟の教科書

『兵法三十六計』で読み解く対日工作

上田篤盛
元防衛省情報分析官

並木書房

はじめに

中国の国家目標は「中華民族の偉大なる復興」の実現である。習近平・国家主席もこの目標を「中国の夢」と称し、その実現にまい進することを表明している。

ところで「中華民族の偉大なる復興」とは、どのようなものだろうか？　これに関する具体的な政府見解が発表されないこともあり、経済力および軍事力を増大させている中国が、独自の価値観により、周辺国に対する支配圏や影響圏の拡大を企図しているのでないか、との懸念が高まっている。

中国の国土および地理的国境の概念は歴史的に希薄である。勢力横溢《おういつ》時には周辺に対する支配圏などの拡大が行なわれてきた。

また近年、通常の地理的国境概念に対し、総合国力の変化によって拡張または縮小する「戦略的辺境（辺疆《へんきょう》）」という中国独特の概念も提起されている。中国が一九五三年に発刊した歴史地図集には清王朝の最大版図《はんと》が示され、これをもって国民に歴史教育が行なわれている。

こうした領土認識や歴史教育からは、中国が「中華民族の偉大なる復興」を御旗に掲げ、明王朝や清王朝時代の「華戎秩序《かい》」の現代版の復活を狙っているとの見方も可能となる。

現に中国は、東シナ海の正面ではとくに尖閣諸島の領有を目指し、わが国に対する攻勢を強めている。この状況を座視していると、やがて尖閣諸島は中国の手中に落ちてしまうだろう。それのみならず、沖縄までもが中国に略取されることになるかもしれない。

では、わが国はいかに対処すべきであろうか?

そのためには、まず中国の戦略的意図を解明することが前提となる。

中国は歴史的に「戦わずして勝つ」ことを重視してきた。つまり、インテリジェンスを活用して、謀略を駆使してきた。その基本となるのが「兵法《へいほう》」であり、「兵法」研究こそ中国の戦略的意図の解明に我々を導いてくれよう。

中国では歴史的に兵法書が編纂・体系化されてきた。中国の代表的な兵法書には『孫子《そんし》』『呉子《ごし》』『司馬法《しばほう》』『尉繚子《うつりょうし》』『李衛公問対《りえいこうもんたい》』『六韜《りくとう》』および『三略《さんりゃく》』などがあり、これらは『武経七書《ぶけいしちしょ》』と総称されている。

なかでも「兵は詭道《きどう》である」と喝破する『孫子』は最も体系化された至上の兵法書である。同書は不戦主義を採用し、戦いよりも、インテリジェンスを利用して、戦勝のための有利な態勢を平時から構築する必要性を説いている。

今日の中国も、兵法に学び、平素から『孫子』の兵法を駆使して対日工作などを仕掛けている可能性がある。この意味からも、『孫子』をはじめとする、中国兵法を研究する必要がある。

ところで中国には『孫子』と並び称されるもう一つの兵法書がある。それは『兵法三十六計』（以下『三十六計』）である。『孫子』は為政者が愛用した崇高な哲学経典であったが、『三十六計』は日常を生きる実践哲学として、『孫子』よりも民間において広く流通した。その教えは今日まで継承され、現代中国人はビジネスや国際政治、国内政治において有利な立場を築くために『三十六計』を『孫子』以上の実用書として参考にしているという。実際、『毛沢東語録』や現在の中国指導者の発言のなかでも、しばしば『三十六計』が引用されている。

二〇一三年一月一三日、尖閣諸島北方の東シナ海公海上で、中国海軍のフリゲート艦が海上自衛隊護衛艦に対し、約三分間にわたって射撃管制用レーダー（FCレーダー）を照射した。日本側の抗議に対して中国外交部の華春瑩《かしゅんえい》・報道官は「照射したのは監視レーダー」で、「日本側の『無中生有《むちゅうしょうゆう》』だ」と開き直った（68頁参照）。この「無中生有」とは『三十六計』の第七計にあたり、「無の中から有を生ず」を意味する。この報道官の「無中生有」発言にみるとおり、中国が『三十六計』を日常的に用いていることがわかる。

同時に、現代の中国の国家戦略や対日工作に『三十六計』が応用されていることをうかがわせるものである。よって尖閣問題、反日デモなどの、中国による対日有害活動を『三十六計』にもとづいて分析すれば、水面下に隠されている中国の戦略的意図を読み解くことができ、『孫子』と同様に『三十六計』を知悉《ちしつ》すれば、中国との競合において負けない戦いができるのではないだろうか？

『三十六計』は、一七世紀の明朝末期から清朝初期の時代の編纂であるとされる。その原本は一九四一年に邠州（寧州《ねいしゅう》の前身、現在の甘粛省慶陽市寧県）において発見された。その著者は、明代に『孫子』の注釈本を編纂し、「易《えき》」の理を軍事戦略に応用した兵法家である趙本学《ちょうほんがく》、あるいはその影響を深く受けた人物であるといわれているが、実態は定かではない。

中国古代の兵法書には「易経《えききょう》」の考え方が広く反映しており、中国古代の兵法家はいずれも「易」の理に精通していた。『三十六計』においても「易経」の考え方が反映されている。

『三十六計』は「勝戦計」「敵戦計」「攻戦計」「混戦計」「併戦計」および「敗戦計」の六組に区分され、各組が六つの計、合計三六の計で構成されている。一つの計が四文字、あるいは三文字の熟語からなる総計一八六文字から構成される極めてシンプルなものである。

その最大の特徴は『孫子』をはじめとする従前の兵法書から貴重なエキスを抽出して簡潔にまとめている点にある。それゆえに、民間人にも馴染みやすく、『孫子』よりも広く流通し、日常生活やビジネスの世界ではしばしば応用されているのである。

一方で記述内容が粗削りで、各兵法には類似点が多々あり、その解釈には明確な境界線が引けない。六組六計の配列にも合理性があるとはいえない。

こうした配列の不合理性は認識しつつも、本書では『三十六計』がどのような兵法であるのかを理解することをまず優先し、本来の配列どおりに『三十六計』を第一計から順に解説して、そのなかで筆者が現実の中国の国家戦略および対日工作に応用されている、あるいは応用する可能性がある事象を挙げて、その兵法の意義をひも解くこととしよう。

なお、各計の理解を容易にするために、守屋洋氏の『兵法三十六計―古典が教える人生訓』（三笠書房）および永井義男氏の『中国軍事成語集成』（徳間文庫）、カイハン・クリッペンドルフ氏の『兵法三十六計の戦略思考―競合を出し抜く不戦必勝の知謀』（ダイヤモンド社）他から中国小史を参考にさせていただいた。この場を借りてお礼を申し上げたい。

また、『三十六計』を体系的に理解できるよう筆者オリジナルの「マインドマップ」を次頁に紹介するので適宜参考にしていただきたい。

三十六計マインドマップ

戦わずして勝つ・勝つべくして勝つ

欺騙

- 敵を油断
  - 34 苦肉計 — 自ら弱味を見せる
  - 10 笑裏蔵刀 — 敵愾心を見せない
  - 27 仮痴不癲 — 愚かなふりをする
- 敵を心理的に撹乱
  - 32 空城計 — 余裕を見せ疑心暗鬼
  - 17 抛磚引玉 — 海老で鯛を釣る
  - 29 樹上開花 — 能力以上に見せる

間接的行動

- 一時撤退
  - 21 金蝉脱殻 — 目眩まして窮地を脱出
  - 11 李代桃僵 — トカゲの尻尾切り
  - 36 走為上 — 勝算のない戦いはしない
- 既成事実の積み上げ
  - 7 無中生有 — でっち上げ
  - 30 反客為主 — 浸透工作
  - 13 打草驚蛇 — 威力偵察
  - 24 仮道伐虢 — 各個撃破
- 間接攻撃
  - 26 指桑罵槐 — あえて別の物を攻撃

態勢確立

- 我に有利な態勢を確立
  - 我の得意分野に持ち込む
    - 15 調虎離山 — 不利な分野を回避
    - 28 上屋抽梯 — 有利な分野に誘致
  - 有利な時期・態勢を待つ
    - 4 以逸待労 — 有利な態勢を準備
    - 9 隔岸観火 — 静観して漁夫の利を獲得
    - 16 欲擒姑縦 — あえて逃がす
  - 我の士気を鼓舞する
    - 14 借屍還魂 — 大義名分の獲得
  - 他と連携する
    - 23 遠交近攻 — 包囲作戦
    - 3 借刀殺人 — 敵内部との連携
- 敵に不利な態勢を強要
  - 敵の士気を喪失させる
    - 19 釜底抽薪 — 大義名分の喪失
    - 25 偸梁換柱 — 骨抜き
  - 敵の内部統制を混乱させる
    - 33 反間計 — 敵スパイの利用
    - 18 擒賊擒王 — 敵指導者の籠絡
    - 31 美人計 — 弱点を作為

奇襲

- 時期の奇襲
  - 1 瞞天過海 — 警戒心を麻痺
- 方向（場所）の奇襲
  - 公然
    - 6 声東撃西 — 陽動作戦
  - 隠密
    - 8 暗渡陳倉 — 密かに別方向から攻撃
- 戦法の奇襲
  - 20 混水摸魚 — 敵内部の蜂起
  - 35 連環計 — 計略を組み合わせる
  - 2 囲魏救趙 — 敵兵力を分散

決戦

- 好機捕捉
  - 12 順手牽羊 — 敵の隙を利用
  - 5 趁火打劫 — 敵の苦境を利用
- 徹底抗戦
  - 22 関門捉賊 — 敵の退路を遮断

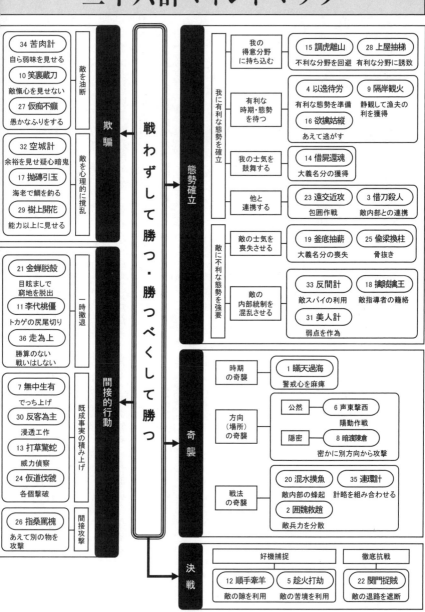

目　次

はじめに　1
序　章　わが国に仕掛けられる『三十六計』　11
第一計　瞞天過海（まんてんかかい）繰り返すことで敵の油断を誘う　19
第二計　囲魏救趙（いぎきゅうちょう）敵の兵力を分散して各個撃破する　27
第三計　借刀殺人（しゃくとうさつじん）相手の力を利用して内部崩壊を誘う　35
第四計　以逸待労（いいつたいろう）優勢になるまで待つ　42
第五計　趁火打劫（ちんかだきょう）敵の苦境につけ込む　50
第六計　声東撃西（せいとうげきせい）敵の予期しないところを攻撃する　57
第七計　無中生有（むちゅうしょうゆう）虚偽の事実をでっち上げる　66
第八計　暗渡陳倉（あんとちんそう）敵を欺き密かに別の場所を攻撃する　75

第九計　隔岸観火（かくがんかんか）静観して「漁夫の利」を得る　83
第十計　笑裏蔵刀（しょうりぞうとう）微笑み戦術で相手の警戒心を解く　93
第十一計　李代桃僵（りだいとうきょう）一時的に損して得をとる　100
第十二計　順手牽羊（じゅんしゅけんよう）わずかな隙をついて我が物にする　112
第十三計　打草驚蛇（だそうきょうだ）「威力偵察」で相手の真意を探る　120
第十四計　借屍還魂（しゃくしかんこん）利用できるものはすべて利用する　127
第十五計　調虎離山（ちょうこりざん）我の優位な領域に誘い込む　134
第十六計　欲擒姑縦（よくきんこしょう）あえて敵を泳がす　141
第十七計　抛磚引玉（ほうせんいんぎょく）海老で鯛を釣る　150
第十八計　擒賊擒王（きんぞくきんおう）指導者を籠絡する　155
第十九計　釜底抽薪（ふていちゅうしん）力の源泉を排除する　164
第二十計　混水摸魚（こんすいぼぎょ）敵内部に混乱を生起させる　173
第二十一計　金蝉脱殻（きんせんだっこく）密かに危機から脱出する　183
第二十二計　関門捉賊（かんもんそくぞく）十分な戦力をもって包囲撃滅する　190

第二十三計　**遠交近攻**（えんこうきんこう）遠くの国と同盟を結び、近き国を攻める　196
第二十四計　**仮道伐虢**（かどうばっかく）目先の利益を大義名分で獲得する　203
第二十五計　**偸梁換柱**（とうりょうかんちゅう）じっくりと骨抜きにする　210
第二十六計　**指桑罵槐**（しそうばかい）あえて別のものを攻撃する　216
第二十七計　**仮痴不癲**（かちふてん）愚かなふりして相手を油断させる　225
第二十八計　**上屋抽梯**（じょうおくちゅうてい）敵を誘い出して梯子を外す　232
第二十九計　**樹上開花**（じゅじょうかいか）能力以上に見せて牽制する　238
第三十計　**反客為主**（はんかくいしゅ）弱いふりをして乗っ取る　243
第三十一計　**美人計**（びじんけい）ハニートラップで籠絡する　248
第三十二計　**空城計**（くうじょうけい）無防備と見せかけて判断を惑わす　253
第三十三計　**反間計**（はんかんけい）敵のスパイを逆用する　262
第三十四計　**苦肉計**（くにくけい）わが身を犠牲にして警戒心を解く　267
第三十五計　**連環計**（れんかんけい）複数の計略を連続して用いる　271
第三十六計　**走為上**（そういじょう）無駄な戦いは避ける　277

終　章　わが国も兵法を逆用せよ！　285

参考文献一覧　307

おわりに　309

資料１　中国軍高官の好戦的な発言　296
資料２　尖閣諸島、ガス田をめぐる経緯　297
資料３　中国の南シナ海進出の経緯　302

※文中の人名の役職（肩書き）、組織（団体）などの名称は当時のものを記載している。

序章　わが国に仕掛けられる『三十六計』

連続する中国軍の異様な行動

尖閣諸島、東シナ海のガス田などをめぐる昨今の問題では、中国が『三十六計』を駆使して、わが国に計略を仕掛けている向きがある。

二〇一四年九月から一〇月にかけて小笠原諸島および伊豆周辺海域で大量の中国漁船団が出没。これら漁船団は赤サンゴの密漁が目的だとみられたが、漁船団の動きが妙に計画・統制的であり、なかには艤装《ぎそう》が漁船とは異なる船舶、行動のおかしい船舶も存在したという。

しかし、こうした漁船団の出現は同年一一月の日中首脳会談後はピタリと止んだ。まさに中国の国家意思の介在をうかがわせるものであった。

二〇一五年一一月一一日〜一二日、尖閣諸島の南側の石垣島との間で、中国防空識別圏に沿うようにして、中国の「トンディアオ（東調）」級情報収集艦が約二〇時間徘徊。一二月二三～二六日には、同収集艦が房総半島南東沖で数回にわたって反復航行した。これらは極めて異例で、摩訶不思議な行動であった。

同年一二月二二日～二五日にかけて、中国海警局の巡視船三隻が尖閣諸島沖のわが国接続水域内を航行しているのを海上保安庁が確認し、二六日、これらの巡視船はわが国領海内に侵入。二〇一六年一月三日と四日には、同じく中国海警局の四隻の巡視船が尖閣諸島のわが国接続水域内を航行。そのうち二隻は、それぞれ連装機関砲とみられる砲塔四基を装備していた。武装した法執行船が東シナ海に出てくるのは初めてのことであった。

これらの動きは、軍事情報収集活動に加えて、中国が意図的かつ段階的に行動をエスカレートさせて（クリーピング・エクスパンション、漸進的な膨張あるいはサラミ戦術と呼称）、わが国の対応および日米同盟の度合いを威力偵察しつつ、海洋支配への拡大を狙う「打草驚蛇《だそうきょうだ》」（第十三計）であった可能性もある。

あるいは東シナ海上で意図的に〝災い〟を生起させることで、日米の関心を南シナ海に向けさせないようにする狙いが見え隠れしている。

米国通信社ブルームバーグは、独ハイデルベルク大学・中国研究所のジュリオ・プリエーゼ助教授の分析を引用し、「日本が南シナ海問題に介入することを嫌った中国が、あえて東シナ海の緊張を高め、日本政府の注意をそちらに集中させようとしている」と分析した。

つまり、南シナ海で海軍艦船を派遣して「航行の自由」作戦を展開している米国を支持するわが国に対して、東シナ海で別の事象を生起させることで、南シナ海における領有権問題から関心をそらす、あるいは南シナ海に自衛隊を派遣しようとすればリスクがともなうことを認識させる狙いがあったというわけだ。

小笠原の漁船団出没については、わが国の関心を尖閣諸島に向けさせないようにする、あるいは尖閣諸島にばかり勢力を注いでいるとその他の正面が手薄になることを警告する狙いが推察できる。これらは我に対して二正面作戦を強いる「囲魏救趙《いぎきゅうちょう》」（第二計）の応用といえよう。

高まる「中国脅威論」

現在、中国は南シナ海において人工島の埋め立て造成と軍事拠点化を着々と進めている。これに対し、領有権を争うベトナム、フィリピンはASEANの結束と米国やわが国との連携により、中国を牽制しようとしている。米国はようやく〝重い腰〟を上げ、「航行の自由」作戦を敢行し、これをわが国は支持している。逐次に対中包囲網が形成されつつあり、中国はこのことを強く警戒しているとみられる。

これに関して、中国は強硬一辺倒の対日戦略を二〇一四年頃から修正し、わが国との首脳会談に応じるなどの柔軟姿勢を示し、一五年九月の反ファシズム戦争勝利・抗日戦争勝利の記念日（以下「抗日戦争勝利七〇年」）の開催では、これは「日本を牽制するものではない」との甘言《かんげん》を弄して、さかんに安倍総理の訪中を促した。また、同記念式典において習近平は三〇万人の兵力削減と平和路線を提唱した。

これは、高まる「中国脅威論」を払拭し、対中包囲網を打破するため、中国が平和路線をアピールする「笑裏蔵刀《しょうりぞうとう》」（第十計）を発動している証左ともとらえられる。

一方、その「抗日戦争勝利七〇年」では陸軍にメスを入れる軍改革を断行することを表明したが、依然としてその実現には疑問符もつく。

中国は行き詰まる経済停滞の〝起死回生〟とばかりに、アジアインフラ投資銀行（ＡＩＩＢ）の設立と「一帯一路」構想を打ち上げたが、思うように国際的信頼と外国からの投資は得られそうにもない。

軍事改革の断行によって、既得権益を失う一部の軍人による突き上げ、経済停滞によってクローズアップされる経済格差などの国民不満の高まり、この〝ガス抜き〟とばかりに展開している汚職・腐敗撤廃運動の手詰まり、これらから派生する政権批判という苦境から脱出するために南シナ海や東シナ海での軋轢を意図的に作為して国民の対共産党批判をかわす

「金蝉脱殻《きんせんだっこく》」（第二十一計）、あるいは日米を攻撃するとみせかけて実は内部の政敵を攻撃する「指桑罵槐《しそうばかい》」（第二十六計）を仕掛けている可能性もあろう。

中国軍艦が挑発行為を実施

二〇一六年六月七日、中国軍戦闘機J‐10が東シナ海の公海上で警戒監視活動を行なっていた米軍電子偵察機RC135に異常接近。その二日後の九日未明、中国海軍の「ジャンカイ」級フリゲート艦がロシア軍艦三隻を追跡するかたちで、尖閣諸島の接続水域に侵入した。同海域において軍艦が接続水域まで侵入したのは史上初の出来事であった。同月一五日、「トンディアオ」級情報収集艦が今度はインド海軍の艦艇二隻を追跡するかたちで鹿児島県口永良部島の西の領海に侵入した（接続水域への軍艦侵入は二〇一四年以来二回目）。

中国軍艦による尖閣諸島接続水域の通航は、ロシア軍艦に対する追跡という「偶発性」は否めないが（中露連携による意図的行動との見方もある）、ロシア艦艇を監視する海自艦艇による接続水域の通航のあとに行なわれたようである。一説では二〇一二年九月のわが国の尖閣諸島国有化以降、尖閣諸島接続水域は海自艦艇および軍艦をともに派遣しないとの日中の暗黙の了解があるとされる。

つまり、中国は海自艦艇が先に接続海域に入ったことを確認し、〝待ってました〟とばかりに、「軍艦による初の接続水域通航」という、尖閣領有に向けた既成事実化の絶妙な〝一手〟を打った可能性が考えられる。だとすれば、わずかな隙をつく「順手牽羊《じゅんしゅけんよう》」（第十二計）の発動であったろうか。

あるいは「南シナ海の公海上は自由に航行する権利を有する」との米国の主張を逆手にとって、ロシア艦艇が接続水域（公海）の自由航行を行なったことを幸いに、中国版の対日「航行の自由」作戦を敢行し、日米に対し反駁根拠を喪失させる「釜底抽薪《ふていちゅうしん》」（第十九計）の計略に打って出たのかもしれない。

また、口永良部島での領海通航についても、インド軍艦に対する追跡という「偶発性」は排除されないが、そうした状況を奇貨《きか》に「無害通航」（はたして無害通航といえるかは極めて疑問）を装い、わが国の反駁根拠を喪失させる一方で、わが国の対応行動を威力偵察（第十三計「打草驚蛇《だそうきょうだ》」）したのであろうか。

日本政府の対応をみてさらに挑発

東シナ海をめぐる中国の攻撃的行動は海上だけにはとどまらない。

二〇一六年六月二八日、『ＪＢpress』で、織田邦男・元空将（元航空支援集団司令）が、中国軍機のミサイル攻撃を避けようと、自衛隊機が自己防御装置を作動させたことを明らかにした。

織田氏によれば、「これまで中国軍戦闘機は東シナ海の一定ラインから南下しようとはせず、空自のスクランブル機に対しても、敵対行動はとらなかったが、中国海軍艦艇の挑発的な行動に呼応するかのように、これまでのラインをやすやすと越えて南下し、空自スクランブル機に攻撃動作を仕掛けた」とされる。

しかし、六月二九日の記者会見で、萩生田光一・官房副長官は、中国軍機が六月一七日に東シナ海を南下し、空自機がスクランブルをかけたことを認めたものの、中国軍機が敵対的な行動を起こしたことは否定した。そして、織田氏に関して「個人的には遺憾だ」と批判した。

真実は定かではないが、東シナ海の海上における不可思議な行動の連続的発生や、織田氏のキャリアからして、筆者はその発言の信憑性は高いとみる。

わが国政府は、参議院選挙を目前に控え中国と事を荒げたくなかったのか、織田氏の発言が波紋を呼ぶことを警戒したのか、中国軍機による敵対的な行動を否定した。

ところが、七月四日、中国国防省は「中国軍機二機が六月一七日、東シナ海上空の中国防空識別圏内をパトロールした際、自衛隊機二機が高速で近づいて、レーダーを照射した」と主張した。

六月一五日の「トンディアオ」級情報収集艦の口永良部島の西の領海侵入では、わが国政府は、領海の「無害通航」を理由に中国政府への抗議を行なわなかった。

中国が意図的に領海侵犯をしたかどうかはさておき、わが国政府の対応を「譲歩」の引き出し成功とみて、中国当局が一七日の中国軍機の行動につなげた可能性は否定できない。さらに、日本側が中国軍機の行動を否定し、事件を穏便にすませようとしているのを〝好機〟と判断し、既成事実化のさらなる推進を狙いに、「趁《ちん》火《か》打劫《だきょう》」（第五計）を発動し、わが国戦闘機による〝レーダー照射〟をでっち上げた可能性がある。自らの違法行為をそのまま相手側の違法行為として喧伝する手口は特段めずらしくないのである。（69頁参照）

このように、中国の今日の対外行動の深淵には『三十六計』の応用と思われる節がいくつもうかがえるのである。

今日の日中関係を見るうえで、その真実の意図を明らかにし、次なる一手を考察するうえで、中国の伝統的な思考形態となっている『三十六計』を理解することが極めて緊要になっているといえよう。

では早速、第一計「瞞《まん》天《てん》過《か》海《かい》」から、中国兵法の恐るべき深淵と、中国戦略の関係について考察することとしよう。

第一計 瞞天過海（まんてんかかい） 繰り返すことで敵の油断を誘う

「瞞天過海《まんてんかかい》」は「天を瞞《あざむ》いて海を渡る」と読む。天とは皇帝のことであり、「皇帝を瞞いて、平穏無事に大海を渡らせる」という意味である。

唐の軍人・張士貴《ちょうしき》（五八六〜六五七年）が、高句麗《こうくり》遠征の時、主君の太宗《たいそう》（第二代皇帝）が怖がって乗船しなかったため、船に土を盛り、陸地の屋敷のように偽装して、太宗を乗船させて海を渡らせたという故事にちなむ。

このことから転じて、「瞞天過海」は、同じ行為を繰り返し見せていると、敵は見慣れてしまって疑いを抱かなくなり、その油断に乗じて本来の目的を達成する計略として解釈されている。

隋の名将、長江の渡河に成功

南北朝の末期、隋《ずい》が陳《ちん》と争っていた。隋が陳を討つためには長江（揚子江）を渡河しなければならなかった。そこで隋の賀若弼《がじゃくひつ》（五四四〜六〇七年）は長江の対岸沿いに陣を張った。陳はこの動きに応じて、自軍を配置して隋の攻撃に備えた。

賀若弼は、自軍の兵士に対して攻撃準備を命じ、攻撃開始を告げる音がこだまする。陳軍は陣形を整えるが、いっこうに隋軍が渡河する気配はない。このようなことが二、三回繰り返されると、やがて陳軍も「みせかけ」だと判断し、隋軍の集結を知っても本気で備えようとしなくなった。そうこうしているうちに、隋軍は密かに長江を渡るための船を集め、一気呵成に長江を渡河して攻め込んだ。かくして隋軍は、陳軍からほとんど組織的な抵抗を受けることなく陳の都を攻略したのである。

「ランドパワー」から「シーパワー」へ

二〇〇〇年代に入り、中国は「海洋強国」建設を新スローガンとして掲げるようになった。中国は伝統的にユーラシア大陸の「ランドパワー」であったが、近年は自らを「太平洋の西側に位置する臨海国家」と呼称し（二〇〇五年七月一日『解放軍報』）、一五世紀の鄭和《ていわ》の数次にわたる大航海を喧伝するなど（128頁参照）、「シーパワー」を強調するようになった。二〇一〇年五月の『中国海洋発展報告』では「海洋強国は中華民族の偉大なる復興のために回避できない道である。海洋強国建設は二一世紀の偉大な歴史任務である」と明記した。

中国の国家利益は大まかに「安定、安全、発展」に集約できる。「安定」とは現共産党政権の政治安定と国内社会の安定を指す。「安全」とは安全保障および国防のことであり、他国の侵略から領土や国民を守ることである。「発展」とは主として経済発展を指し、経済力を背景とする豊かで強い国家に発展することである。

「海洋強国」建設はこれら三つの国家利益に合致している。政治と政権の安定のためには一三億人の膨大な民に「食（食糧）」と「職（職業）」を安定供給することが重要課題である。ところが中国の耕地面積は膨大な人口に比して狭小であり、さらに近年の森林伐採などの影響で国土の生態系が崩壊し、それが陸域における食料生産量の低減を来たしている。このため中国は食糧資源を求めて海洋に進出し、海洋漁業は多くの漁民に「職」を提供している。

また共産党政権の安定存続の礎《いしずえ》である「正統性の証明」の観点からは、中国が「失地領土」と主張する南沙諸島および尖閣諸島などの海洋島嶼の奪取は譲れない課題となっている。

「安全」の側面からは、中国は一八世紀中葉における海上からの被侵略の歴史により、海洋を国土防衛上のバッファー（緩衝地帯）と認識している。そして、台湾統一作戦における米軍介入、とくに米空母戦闘群からのスタンドオフ（迎撃範囲外）攻撃を最大の脅威と認識している。そのため、東シナ海および南シナ海を支配し、西太平洋において米空母戦闘群が自由に遊弋《ゆうよく》することを妨害する軍事能力の取得を目指している。これを、米国は「Ａ２ＡＤ

（アンチ・アクセス、エリア・ディナイアル：接近阻止、領域拒否）」戦略と呼称して、警戒しているのである。（193頁参照）

「発展」の側面からは、中国は経済成長を持続するためにエネルギー獲得が最優先の課題だと認識している。一九七〇年代末から開始された改革開放により経済が急速に発達するなか、エネルギー消費量の大幅な増加と陸域資源の制約から、中国は一九九三年以降、エネルギーの純輸入国に転じた。そのため中東・アフリカ方面からのエネルギー輸入とシーレーン防衛が新たな外交・安全保障上の課題となっている。

この関連では、中国はパキスタンのグワダル港、バングラデシュのチッタゴン港などのシーレーン上の港湾整備を支援する活動を行なっている。中国はこの活動が商業目的であることを強調しているが、米シンクタンクは同活動を「真珠の首飾り」戦略と呼称して警戒している。

また周辺海域における油ガス田の開発など、中国はエネルギー確保に向けた活動もみせている。このことが現在の日中間の軋轢上昇の一原因ともなっている。

以上のように、中国は「海洋強国」建設を「中華民族の偉大なる復興」への重要手段として位置づけ、海洋進出をますます強化しているのである。

「海洋強国」建設の第一歩

中国にとって、周辺海域である東シナ海および南シナ海への進出は「海洋強国」建設の第一歩である。「海洋強国」建設には、中国が「歴史的な固有領土」と称する台湾、南沙諸島、尖閣諸島などの「失地領土の回復」という意味合いもある。

南シナ海では岩礁を埋め立てて、人工島を造成し、一部の人工島には三千メートル級の滑走路やレーダーが建設された。領有権の主張ばかりか、軍事拠点としての機能が整えられつつある。（72頁参照）

東シナ海では二〇一〇年九月、中国漁船が尖閣諸島沖のわが国領海内に侵入し、退去を警告する海上保安庁巡視船に衝突を仕掛けるという事件が発生した（以下、中国漁船衝突事件と呼称）。同事件および一二年九月のわが国による尖閣諸島の国有化以降、中国は国家海洋局の「海監《かいかん》」、農業部漁業局所属の「漁政《ぎょせい》」の活動を活発化させ、もはや領海侵犯は常態化している。

二〇一三年の全国人民代表大会（国会に相当）では、海洋監視体制の強化を図るため、「海監」や「漁政」などの公船をはじめ、警察および税関を担任する監視部門組織の運用を統合化することが承認された（次頁図参照）。つまり、国家海洋局が「中国海警局」の名称で警察権を保有したうえで、統一的に監視活動を行なう新たな体制が確立された。海洋権益にか

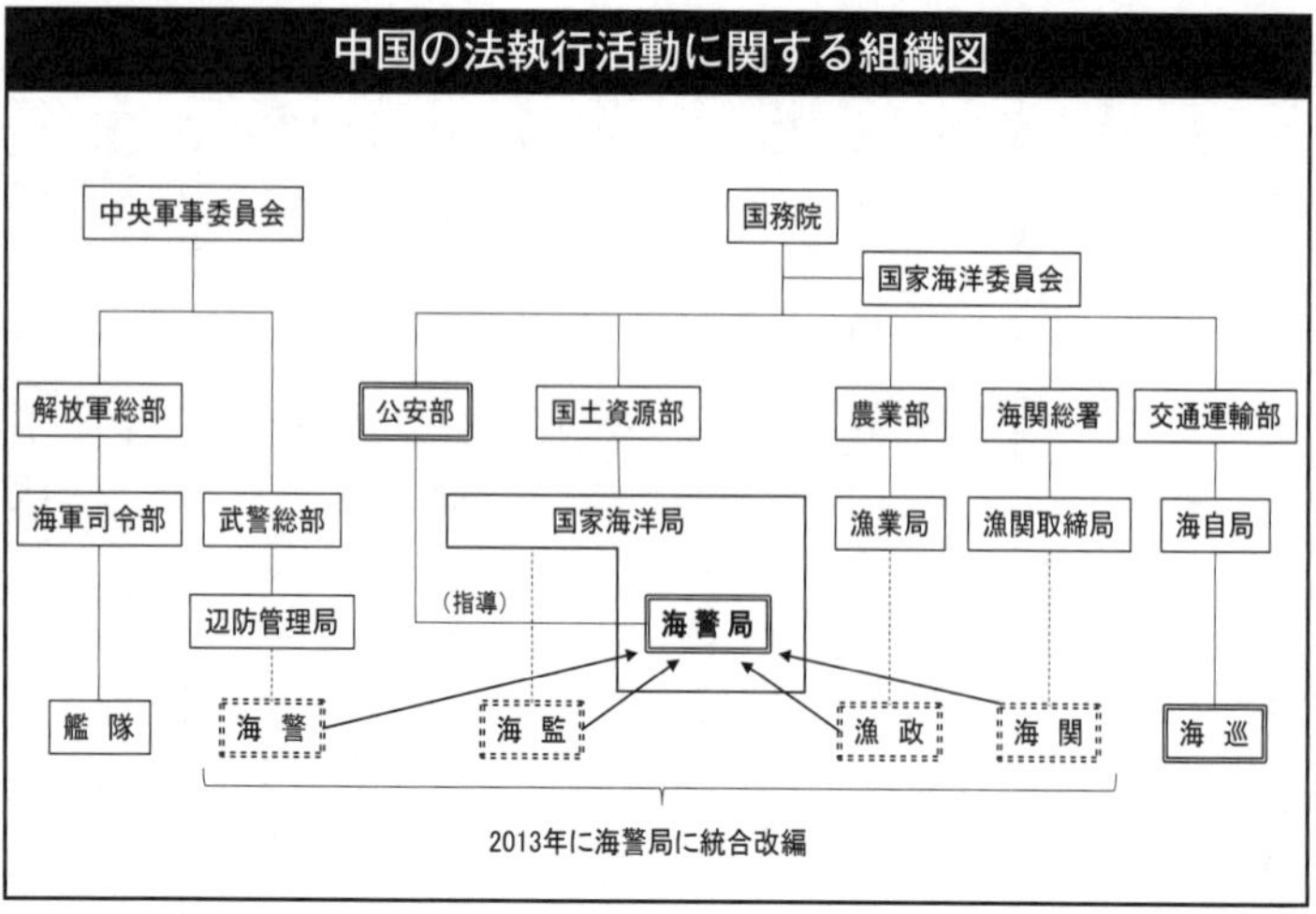

かわる部門の調整機能として、「国家海洋発展戦略」を決定する国家海洋委員会も新設された。

こうした組織改編は、尖閣諸島や南シナ海をめぐる周辺国との対立を念頭に置いたものであろう。中国はまず南シナ海、次いで東シナ海を支配し、「海洋強国」建設の地歩《ちほ》を確実に築こうとしているのである。

台湾侵攻に「瞞天過海」を採用

南シナ海において中国は、軍事的手段を用いて西沙（パラセル）諸島ではウッディ（永興島）をベトナムから奪取し、次に南沙（スプラトリー）諸島への支配を拡大してきた。しかし、日米の軍事力が存在する、台湾統一や東シナ海での支配拡大は容易ではない。

かりに中国が台湾攻撃のための作戦行動を開始

すれば、米国の偵察衛星や台湾独自の電波傍受などにより、その準備状況は「手にとる」ようにわかるであろう。状況を事前に察知され、一九九六年の「台湾海峡危機」のように、米空母が台湾海峡に派遣されれば、中国としては非常に厄介なことになる。

しかし、中国が軍事演習を台湾対岸や上海沖などで何回も繰り返すことで、本当の攻撃を欺騙したとすればどうであろうか？　米国も台湾も、それが「単なる軍事演習なのか、それとも攻撃準備なのか」は区別がつかなくなるであろう。そのうちに、米国や台湾が警戒心をゆるめてしまえば、中国の電撃作戦が成功する確率が高まる。これが「瞞天過海」計略の応用なのである。

尖閣諸島にも「瞞天過海」の兆し

「瞞天過海」は当然、尖閣諸島の奪取にも活用されよう。わが国の尖閣諸島を中国が奪取するシナリオは、海上民兵が漁民を装い、尖閣諸島に上陸し、日本側の官憲ともめているうちに、自国民の保護を名目に中国が法執行船や軍艦を派遣して、尖閣に上陸し、そのまま実効支配に持ち込む。わが自衛隊が出動すれば、日本側の「軍事力の先制行使」と中国側の「やむを得ずの防衛」を世界に喧伝し、軍艦を派遣する、というものである。

二〇〇八年一二月八日、中国は初めて、公船を尖閣諸島の領海内に侵入させてきた。

二〇一〇年の中国漁船衝突事件と一二年のわが国政府による尖閣諸島国有化を契機に、中国は尖閣諸島周辺での漁船や法執行船による活動を活発化させた。現在、接続海域には荒天の日を除きほぼ毎日、領海には毎月三回程度の頻度で侵犯が繰り返されている。（『外務省ホームページ』）

中国海軍軍艦は、沖縄と南西諸島の間の領域を通過し、沖ノ鳥島付近に進出しては、毎年のように軍事演習を実施している。こうした中国の監視活動、沖ノ鳥島付近での軍事演習が「尖閣侵攻とはまったく無関係だ」と誰が断言できようか。

ひょっとすると、その訓練は尖閣諸島の奪取のための欺騙であり、「瞞天過海」の前夜かもしれないのである。

日常活動への警戒心を怠るな！

現在、中国の法執行船が尖閣諸島領海内に侵入することが常態化しているため、もはや特別なニュースにならず、国民の関心も低くなっている。まさに危険な状況が生起しているといえよう。わが国領土をみすみす失わないためには、中国の東シナ海における日常活動に対する警戒を決して怠ってはならなのである。

第二計　囲魏救趙（いぎきゅうちょう）敵の兵力を分散して各個撃破する

「囲魏救趙《いぎきゅうちょう》」は「魏《ぎ》を囲《かこ》んで趙《ちょう》を救う」と読む。集中している敵に正面から攻撃を加えることは難しい。それより、まず相手の兵力を分散・離間させ、そのうえで攻撃する方がたやすい。これこそが兵法の常套である。この計は、敵の兵力を分散し、これを「各個撃破」することで勝利を見いだそうとするものである。

孫臏が敵の「横腹」を攻撃

西暦三五三年、魏と斉《せい》との間で行なわれた「桂陵《けいりょう》の戦い」にさかのぼる。当時、魏の大軍が趙《ちょう》の都、邯鄲《かんたん》（河北省邯鄲市）を包囲した。趙は、同盟国である斉に救援を求めた。そこで、斉の軍師であった孫臏《そんぴん》（『孫子』の作者とも目される人物）がとった策は、「包囲されている邯鄲には行かず、魏の都である大梁《だいりょう》（河南省開封市）に軍を派遣する」というものであった。

魏軍は自らの「横腹」に相当する大梁を急襲されたことで、自国領土の大梁と、趙の都である邯鄲との「二正面作戦」を強いられることになった。結局、邯鄲において趙軍を包囲していた魏軍は、その包囲網を解いて、昼夜兼行で大梁の救援に向かった。斉は、邯鄲から大梁に至る経路上の要点である桂陵で、魏軍を待ち伏せてこれを撃破した。

第二次大戦時、ソ連が二正面作戦を画策

第二次大戦時、わが国は中国戦線と太平洋戦線での二正面作戦を強いられた。米国ほどの大国でも二正面作戦の回避に懸命であったのに、それを資源が乏しいわが国が行なったのだから、戦う前から負けることは当たり前であったといっても過言ではない。

二正面作戦を画策したのはソ連であった。ソ連はドイツとのヨーロッパ戦線と、日本とのアジア戦線との二正面作戦に突入するのを回避するため、米国を太平洋戦争に引き込むことで、日本の対ソ参戦を断念させることを画策したのである。

その際に活躍したのが、伝説のスパイマスターであるリヒャルト・ゾルゲである。彼の情報工作の目的は、日本による対ソ参戦の是非を見極め、日本に対し南方作戦を採用させ、米国と戦うように仕向けることであった。ゾルゲの情報工作は、スターリンの意思決定には影響しなかったようではあるが、結果的にソ連は、わが国に対して二正面作戦を強いることに

成功した。

しかもソ連は、米国に対する南方作戦に兵力を充当せざるを得ないわが国に対して、満洲、北朝鮮、南樺太、千島列島から侵攻を敢行し、「囲魏救趙」を首尾よく完遂した。

「囲魏救趙」は中国共産党の常套手段

中国共産党は「抗日戦争」や国共内戦で「囲魏救趙」を活用した。毛沢東は著書『持久戦論』のなかで、「根拠地内に長く留まる敵に対しては、『囲魏救趙』が有利である」と述べている。これは一部の兵力をもって正面の敵を動けないように拘束しておき、我は主力をもって敵がかつていた場所を攻撃し、そこで有利な態勢を築く。敵が慌てて、正面兵力を転用させれば、我は有利な態勢をもって、転用してきた敵兵力を撃破するという戦術である。

これは、現代戦術における攻撃機動の「迂回」に相当する。なお攻撃機動には「突破（正面攻撃）」「包囲（側背攻撃）」「迂回」の三種類の方式があるが、まず「迂回」を追求することが現代戦術の常道である。

「囲魏救趙」は戦場以外の場面でも用いられる。要するに、敵の関心や努力の方向を分散することがこの計略の要諦なのである。中国は歴史的に敵を離間させる工作や、中立国と「統一戦線」を組むことなどを得意としているが、これも「囲魏救趙」の応用である。

中国兵法では「戦わずして勝つ」を上等とする。そのため、各種の情報工作が用いられることになるが、『虎の巻』などで有名な兵法書『李衛公問対《りえいこうもんたい》』では情報工作を「間君（君主どうしを離間させる）」、「間親（親族を離間させる）」、「間能（能力のある者を離間させる）」、「間助（協力者を離間させる）」、「間隣（友好国を離間させる）」、「間左右（君主の側近を離間させる）」、「間縦横（政治顧問を離間させる）」に区分し、それらの重要性を説いている。

一方、毛沢東が採用した戦略・戦術に「統一戦線」がある。これは、主敵を崩壊させるために、まず主敵の内部分裂と孤立を謀《はか》り、孤立した敵の一部や中立国に働きかけ、味方として広範囲に結集しようとするものである。

中国は建国後、ソ連を友邦とし、米国を主敵として、アジア、アフリカ、南米を中間地帯として、これらに対する共産主義の革命輸出を行なった。わが国も共産主義輸出の対象となった。つまり、米国の勢力が中国に集中しないように、中国は「囲魏救趙」の策を広範囲に展開し、米国の勢力指向の分散を謀ったのである。

日米離間工作の仕掛け

中国は現在、わが国に対して、「囲魏救趙」の応用である日米離間工作を仕掛けている。

近年の中国指導者は、米中首脳会談などの場を利用して、歴史問題を持ち出しては、「日本軍国主義が中国に多大な影響をもたらした」「米中は過去において、日本ファシズムに対して一緒に戦った」という構図作りに懸命である。

習近平・国家主席は二〇一四年七月に初訪韓し、経済力を梃子に韓国支援を打ち出し、韓国との歴史問題での連携を模索した。これは韓国を触媒とする日米離間工作の一環とみられる。つまり「慰安婦問題」などに言及し、日韓の歴史問題を複雑化させることで、日韓間では中立でなければならない米国の対日協力姿勢を牽制した可能性がある。

二〇一五年一〇月の訪英でも（一〇月二〇〜二四日）、公式晩餐会（二〇日）で第二次大戦における「日本の残虐性」に言及した。習は「今回の訪問が中英関係を新たな段階に引き上げる」と自賛する一方、第二次大戦で英国は中国に軍備や医薬品を提供し「抗日戦争に協力した」と述べた。一一分弱の演説時間のうち、習が口にした国名は英中両国では唯一、日本だけだった。（二〇一五年一〇月二一日『産経新聞』）

これも英国を触媒とする日米離間工作の一面があったとみられる。

その一方で、英国に対する多額な投資を約束した「札束外交」は、中国による南シナ海での人工島建設が米中問題としてクローズアップされるなか、伝統的な米英関係に楔《くさび》を打ち、米海軍による人工島周辺でのイージス艦による哨戒活動（一〇月二七日）を、英国から牽制しようとする、「囲魏救趙」の高度な応用があった点も見逃せない。

わが国に仕掛けられる政経離間工作

離間工作ではさらに警戒すべきことがある。それは、わが国の政財界に対する離間工作である。中国は親中・反米派の政治家を招聘し、対日批判の主張にかかわる正当性を得ようとしている。

二〇一四年六月二一日、鳩山由起夫・元総理は北京で開催された「世界フォーラム」で講演し、安倍政権の「中国脅威論」を批判した。中国は自らの官製メディアを通じて（一部のわが国メディアも？）「現在の日中関係の悪化の根源が日本である」かのように、中国有利の報道を国内外に発した。

経済界に対する切り崩しについては、二〇一四年五月、中国商務部長（大臣）がAPEC貿易担当閣僚会合に出席し、茂木経済産業相と会談し、「日本との経済関係を重視し、関係安定を望む」との発言を行なった。この布石として、同会合の一週間前には日中の外交関係のブレーンが「両国関係の難局の打開」をテーマに非公開の討論会を行ない、中国側の有識者が、「『少数の軍国主義者と大多数の日本人民を区別せよ』とする毛沢東時代からの対日政策の『二分法』堅持を習政権に対し提言する」（274頁参照）と明言していたようである。

（二〇一四年五月二四日『産経新聞』）

つまり、中国は政府に対する直接攻撃を回避し、経済界に対し「アメ」を与えて、政経の離間を謀ることで、日本政府による対中攻勢の矛先《ほこさき》をかわそうとしたのである。まさに「囲魏救趙」の応用である。

政経離間工作の歴史がいま蘇る

政経離間工作の試みは目新しいものではない。中国共産党の常套手段である。一九七二年の日中国交回復以前には、中国は政治的に合格とみなす「友好商社」とのみ日中貿易を行なっていた。「友好商社」は日共系の人物が運営する中小企業であり、その事業主や従業員には、毛沢東主義を礼賛《らいさん》し、共産主義革命の輸出を手助けする役割が求められた。その一方、中国との貿易を望む企業に対しては中国の政治的擁護者となることが強要された。

このようにして中国は日本の経済界に対する政治工作を展開することにより、一九七〇年代の日中国交回復に向けた政治土壌を構築していったのである。

中国が今日、経済界に対し融和政策を打ち出している背景には、尖閣問題が顕在化した以降、日本からの対中投資が減衰しているという、中国の苦しい台所事情がある。しかし、中国は尖閣問題などでは一歩たりとも譲歩しない強硬姿勢を崩していない。あくまでも、わが国財界人とのパイプを再構築し、政界と経済界を離間させ、経済界からわが国政権に揺さぶりをかけることが真の狙いだといえよう。まさに過去の成功体験がいま一度、繰り返されようとしているのである。

結束して安全保障上の難局に立ち向かえ！

民主党政権から自民党政権に復帰し、安倍政権の日米同盟を重視した外交姿勢が北東アジアによる対中包囲網を形成し、徐々に中国の「力による現状変更の試み」に対する牽制力として機能しつつある。これに対し、中国は、あの手この手を使って、日米離間や政経離間の工作を仕掛けてくるであろう。

これに対し、わが国が「国益堅守」という大局に立って、日米同盟を堅持し、政財界がともに結束して、「中国の台頭」と安全保障上の難局に立ち向かうことが重要である。

第三計　借刀殺人（しゃくとうさつじん）相手の力を利用して内部崩壊を誘う

「借刀殺人《しゃくとうさつじん》」は「刀を借りて人を殺す」と読む。この計は文字どおり人の〝刀〟を利用して相手を倒すことである。人の刀を利用するには二つある。一つは自分の刀を使わずに第三者の刀を利用することである。もう一つは相手の刀を利用して内部崩壊を導くことである。もちろん後者の方がより巧妙な計略となる。

三人の武将を仲たがいさせた計略とは

春秋時代（紀元前七七〇～四〇三年）にさかのぼる。当時、栄華を誇った斉《せい》の君主は、歴戦の勇士である三人の武将を大いに評価していた。しかしその一方で、君主は彼らの権力が肥大化することを懸念し、三人の武将を処刑することにした。そこで君主は計略をめぐらし、送り主の名前を伏せて三人の武将に箱を届けた。箱の中には桃が入っていた。そして「今まで最も偉大な功績を残した者のみが、この桃を口にすることができる」との親書を添えた。

最初の二人の武将は「自分こそが偉大な功績を残した」と考え、桃を口にした。三人目の武将は、空っぽとなった箱をみて、二人の武将に向かって「和を乱した」と罵り、ついには二人の武将を殺害してしまった。一人残された武将は冷静になった時、自らの嫉妬心から最愛の仲間を殺害したことを悔やみ、やがて罪悪感にかられて自害した。

こうして君主は自らの手をいっさい汚すことなく、三人の武将を処刑することに成功した。

中国共産党は「借刀殺人」で勝利

一九三七年七月七日の「盧溝橋事件」の発生を契機に、わが国は泥沼の日中戦争に突入した。同事件をめぐっては「国民革命軍第二九軍の偶発的発砲（秦邦彦氏の見解）」「日本軍による謀略説」「中国共産党による謀略説」の諸説があるが、今となっては、いずれが真実であったかを断定することは困難であろう。

ただし、当時の日本にとって日中戦争は「望まない戦争」でもあった。他方、国民党に対して劣勢であり、〝虫の息〟であった中国共産党は、日本軍と国民党軍を互いに戦わせ、「漁夫の利」を得ることを画策していた。こうした状況に鑑みれば、「中国共産党の指令を受けた劉少奇（のちの国家主席）が指揮する決死隊が盧溝橋事件を演出した」との「中国共産党謀略説」にも一定の説得力がある。

結果的に、日本はその後八年間、中国大陸を舞台に泥沼の戦争へと突入する。やがて国力が疲弊し、米国との太平洋戦争へと引きずられる。一方の蔣介石率いる国民党軍も日本軍との戦いで疲弊していった。

これに対して中国共産党は当初、日本軍との戦いを回避し、国民党軍との最終決戦に備えて戦力を温存した。つまり、中国共産党は、「国民党軍の刀」と「日本軍の刀」という二本の刀を利用することで、「抗日戦争」に勝利し、わが国敗戦後は国民党軍の内部崩壊により、中国内戦に終止符を打った。ここに「借刀殺人」によって、日本軍と国民党軍との二つの戦いで勝利した、中国共産党の巧妙な計略を読みとることができる。

「借刀殺人」の真髄は「間接侵略」にある

「借刀殺人」の最大の巧妙さは、敵国に対し内部紛争を惹起させ、自らが軍事力を使わずに敵国を自壊に追い込むことにある。そのためには、敵国内部に「内敵」を組織し、それを指導・育成し、機をみて「内敵」により武装蜂起を起こさせ、国家体制の破壊を試みる方法がとられる。すなわち、「借刀殺人」の真髄は「間接侵略」によって敵国を滅ぼすことにある。

一九六〇年代から七〇年代にかけて、中国共産党はわが国に対する暴力革命工作を指令していた。これに関する当時の工作指令書として話題になったのが『日本解放第二期工作要綱』である。

同工作指令書では、当時の中国共産党による日本に対する群集心理工作、マスコミ工作、極右・極左団体工作などの間接侵略の戦略・戦術が詳細に記されている。

この工作指令書から注目点を抜粋し、簡単に整理しておこう。

● 日本の平和解放は、中国との国交正常化、民主連合政府の形成、日本人民民主共和国の樹立——これら三段階を経て達成する。

● 田中（角栄）内閣成立以降の解放任務は民主連合政府を形成する準備を完成することにある。

● 群集心理工作では大学への中国語教師の派遣申し入れが戦術となる。

● マスコミ工作では「一〇人の記者よりは一人の編集責任者を獲得せよ」の原則を掲げ、編集責任者の獲得により民主連合政府樹立の世論を形成する。

● 政党工作では議員の個別調査と選別による獲得工作や自民党の分裂工作などを通じ、民主連合政府に向けた工作基盤を形成する。

この工作指令書は一九七二年、西内雅《にしうちただし》（一九〇三〜九九年）中央学院大学教授が香港滞在中に偶然発見し、日本に持ち帰ったというものであるが、実は中国共産党のものかどうかをめぐる「真贋論争」の決着がついていない。一つには、中国の対日赤化工作に対応するために日本側が同工作指令書を発表したという説もある。

「真贋論争」はさておき、工作指令書の記述内容と、現在のわが国の状況には、以下のような類似点がある。

●田中角栄元総理の流れを受ける小沢一郎元自民党幹事長が一九九三年に自民党を分裂させ、新生党を創設した。そこを起点に二〇〇九年に民主党政権が樹立され、同政権下では元総理などによる〝親中発言〟が繰り返された。

●二〇〇五年以降、大学内に「孔子学院」が設立され、そこには中国人講師が派遣され、青少年に対する中国語教育を介しての心理工作が進展しているという。

●朝日新聞などによる『吉田証言』報道と「慰安婦報道」に代表される「自虐史観」の扶植などは、あたかも編集責任者の獲得工作が行なわれたかのような疑念もある。

こうした状況から、決着が困難な「真贋論争」に拘泥するよりも、同工作指令書をとりあえず真実のものと推定し、その記述内容に基づいて中国の対日戦略および対日工作を検証すべきではなかろうか。

なお、『吉田証言』とは吉田清治氏が一九八〇年代に、「太平洋戦争時に、軍令で朝鮮人女性を強制連行した」と告白したもので、これを朝日新聞や共同通信が一九八三年以降、長らく真実として取り上げたことにより、「慰安婦問題」が国際問題化した。

一九九二年頃より、『吉田証言』の信憑性に疑問が呈されたが、その後も朝日新聞による報道訂正は行なわれず、同紙がこれを虚偽と認めたのは二〇一四年八月になってのことであった。

中国による〝刀〟は鋭利になっている！

今日の中国による対日工作は、一九六〇年代から七〇年代にかけてのあからさまな「暴力革命」の影こそみえなくなったが、長期的レンジで、より広範かつ巧妙なものへと進化している。

米国におけるロビイスト活動を通じて日中歴史問題を題材に「対ファシズムをともに戦った」との連携を謳い、わが国の親中派の政治家やメディアを使って親中、反日宣伝を展開するなど、〝あの手この手〟を駆使した対日工作を展開している。

その成果により、米国では抗日戦顕彰館が設置され（二〇一五年八月一五日）、「南京大虐殺では日本兵の銃剣で四〇万人の中国人が命を失った」と記述する教科書を米国の公立学校が採用するなどという状況も生起している。（二〇一五年一月八日『産経新聞』ほか）

わが国では、一部メディアの誤った報道により「自虐史観」が蔓延したほか、民主党政権時代には鳩山元総理の尖閣関連発言が政府見解とはまったく異なるものということもあった。

このように中国の一方的な歴史観が世界に喧伝され、わが国の教育界やメディア界に〝クモの巣〟のように浸透し、日本の伝統的な文化や精神活動を破壊することに、すでに一定の成果を挙げているのである。

間接侵略を警戒せよ！

これらの状況をみると、中国による「借刀殺人」の計略は、わが国政権における内部分裂と、日米離間の工作を粛々と進展させている。この状況を放置し、わが国がなんら有効な手だてを講じなければ、中国の試みはやがて「間接侵略」として結実する危険性がある。十分な警戒が必要である。

第四計　以逸待労（いいつたいろう）優勢になるまで待つ

「以逸待労《いいつたいろう》」は、「逸《いつ》を以て労《ろう》を待《ま》つ」と読む。「逸」は「安逸」などの熟語をなし、「気力充実にして気楽である」という意味である。一方の「労」は「苦労」などの熟語をなし、「骨を折る、患《わずら》う」などの意味となる。

敵を苦境に追い込むには必ずしも攻撃を加える必要はない。しっかりと守りを固めて敵の疲れを誘って、劣勢から優勢に転じる計略である。

孫臏が魏軍を待ち伏せて撃破

戦国時代（紀元前四〇三～二二一年）にさかのぼる。魏《ぎ》が精鋭軍を率いて韓《かん》を攻めた。韓は斉《せい》に助けを求めたが、斉は第二計「囲魏救趙《いぎきゅうちょう》」（27頁参照）を成功させたことから、ふたたびこれを採用し、魏の中心部を攻めることで魏の韓に対する攻撃を断念させようとした。しかし、魏の軍師は「同じ手は二度とは食わぬ」とばかりに、すぐさま軍を引き返し、斉軍の背後を包囲した。この際の魏軍は非常に精強であり、斉軍はたちまち窮地に陥った。

そこで斉の軍師である孫臏《そんぴん》がとったのが「以逸待労」である。孫臏は包囲された宿営地で一日目に竈《かまど》一〇万個を焚き、二日目には竈五万個、三日目には竈三万個と数を減らしていった。これを見た魏軍は、「腰抜けの斉軍が撤退した」と誤認し、勝機とみて、逃げる斉軍に対して騎馬兵を中心に追撃を敢行した。しかし、孫臏は、こうした魏軍の行動を十分に予想し、要地に先回りして、十分な迎撃態勢をもって魏軍を待ち伏せし、追撃で疲弊した魏軍を首尾よく撃破した。

「以逸待労」の要訣は主導性の確保

『孫子』には「先ず戦地に処して敵を待つものは佚《いっ》（逸）し、後《おく》れて、戦地に処して戦いに赴く者は労す。ゆえに善く戦う者は、人を致《いた》して人に致せれず（虚実編）」「善く兵を用いる者は……佚を以て労を待ち（軍争編）」「佚すれば、之を労し（始計編）」とある。

「以逸待労」を「敵に先んじて戦場に赴き、防勢に立って敵の進来を待つ者は、佚をもって労を迎えることになるから有利である」とする解釈もある。もとより、これに間違いはなく、そういう戦例もある。

一九〇五年の日露戦争の日本海海戦において、東郷平八郎・司令長官が率いる連合艦隊はロシアのバルチック艦隊を撃破した。バルチック艦隊は七カ月、約三万五〇〇〇キロの長旅でようやく戦場にたどり着いた。そこを万全な態勢をもって対馬海峡で待ち伏せていた連合艦隊がこれを撃破した。

しかし、「以逸待労」はたんに戦場に先に赴き防勢作戦をとるということではない。「敵に先んじて、物心両面の戦いの準備を十二分にして、敵に対して主導の地位、すなわち『主動性』を確保すれば、終始、有利な戦い方ができる」とするのが本質的な解釈であろう。

「後の先」こそ「以逸待労」の究極の極意

ここで「主動性」を確保するための極意について述べよう。現代戦術における戦いには大きく攻撃と防御がある。防御は有利な地形を選定し、準備の周到と〝待ち受けの利〟により、敵の攻撃を破砕するものである。したがって、攻撃に対して防御は兵力が三分の一でよい。

一方、敵は「自由意志」という「主動性」を持っているため、防御は「敵が攻めてくるのか、来ないのか？」「攻めてくるとすれば、いつ、どの方向から攻めてくるのか？」は最後まで確定できない。つまり防御は「逸」をもって、少兵力で敵を撃破する可能性はあるが、敵の「主動性」に対して、我が「受動性」に陥るという欠点がある。

そこで、「受動性」を克服するための極意が「後《ご》の先《せん》」となる。これは武術によく出てくる言葉である。こちらから動けば、〝無用の隙〟が出て、そこをつかれる。そうしたリスクを回避し、相手が動くわずかな隙を瞬時にとらえて、敵の攻撃を外《はず》し、相手に先制打撃を加えるのが「後の先」である。実は、この「後の先」こそが「以逸待労」の究極の極意であるといってもよいであろう。

中国の軍事戦略である「積極防御」は「後の先」の応用である。「積極防御」戦略では、「戦略的には『後発制人』、作戦・戦闘上は『先機制敵』を旨とし、両者の有機的統一を図ることが重要だ」と解説されている。

『中国の国防』（国防白書）の執筆者の一人で軍事科学院の陳舟・大校（上級大佐）はかつて、中央党校の機関誌『学習時報』で「戦略指導において戦略上の防御と『後発制人』を堅持し、作戦・戦闘上は積極的な攻勢行動と『先機制敵』の採用を重視する」と述べている。

このように「積極防御」は、戦略上は我の有利な態勢をじっくりと構築するが、作戦・戦闘上は敵に対して機に乗じた先制攻撃を重視するという本質的な特性がある。

核抑止のもとで通常戦力を強化

台湾を武装統一し、南シナ海の全域を支配するうえで、中国は米国の軍事介入や日米同盟の適用を大きな障害と認識している。中国は国際社会に対して「自ら戦争を発動することはない。核の先制使用を行なうこともない（核の先制不使用）」と主張する一方で、敵の核攻撃に対する報復として核を使用することを明言している。

それもそのはずであろう。中国の軍事力がいくら近代化されたとしても、米国との軍事力格差は依然として歴然としている。核弾頭の保有数も米国に比して著しく劣る（「ストックホルム国際平和研究所」）。米国本土を射程におくＩＣＢＭの質と量が増強されたといっても、その総数は三〇～三五基程度であると推定される（『ミリタリー・バランス』）。これでは核の先制使用は意味がない。

そのため、自らの〝平和的イメージ〟と〝戦略的防御性〟を喧伝することで米国などを政治的に牽制しつつ、少数であっても相手に対して許容できないほどの被害をもたらすことができる核戦力を整備する。その一方で通常戦力を増強し、米国に対峙し得る能力を確保しようとしているのである。

南シナ海において「以逸待労」を適用

中国は現在、南シナ海における支配体制を確実に強化しており、ここに「以逸待労」の計略がうかがえる。

二〇一二年四月、スカボロー礁（中沙諸島）をめぐり、中国とフィリピンとの緊張状態が増した際、中国は法執行船の「漁政」と「海監」を同海域に派遣してフィリピン海軍と対峙し、その後方から中国海軍艦艇が睨《にら》みを利かせる態勢をとった。

同年の香港紙『争鳴』六月号によれば、党中央はスカボロー礁をめぐる対応に関する高級会議を四月初めに開催し、習近平（当時は国家副主席）を長とする「国家海洋工作指導小組」を設立し、①国家の領土、領海および領空の保全は断固妥協しない、②スカボロー礁の警戒態勢を強化する、③外交手段による事態の緩和に努力する、④先制攻撃・軽はずみな発言や武力行使はせず軍事手段は最後の選択とする、⑤ひとたび戦争となれば、効果的に戦い勝利する、⑥各人は戦争が勃発したがごとく最善を尽くす、との方針を確定したようだ。

香港紙はしばしばミスリードする傾向にあることから、『争鳴』についても慎重に扱う必要があるものの、その後の南シナ海に対する中国の行動をみれば、この記事内容には一定の信憑性があると評価できよう。すなわち、中国は十分な準備態勢をとって、フィリピン側の「労」を待つ、「以逸待労」の計略をとることを国家方針として固めた可能性は否定できない。

尖閣諸島においても「以逸待労」を適用か？

尖閣問題をめぐっても、中国による「以逸待労」の態勢確立が進められている兆候がうかがえる。二〇一〇年九月の中国漁船衝突事件以後、中国は漁船取り締まりやガス田の資源監視を名目に「海監」と「漁政」を尖閣諸島海域に派遣してきた。

二〇一三年六月以降、これら執行船が「中国海警」という名称で堂々と領海侵犯を犯している。さらには、同年一一月には尖閣諸島の上空を含んだ空域に防空識別圏（ＡＤＩＺ）を設定し、わが国の情報収集機に中国戦闘機を近接させる事件も生起した。

ただし、中国海軍艦艇による日中中間線を越える監視活動は抑制されており（ただし最近微妙な変化がみられる。序章参照）、空軍機による領空侵犯も発生していない。つまり、中国の現段階の対日戦略とは、心理的に威嚇はするものの、日本との軍事的衝突が起きないように軍事行動そのものは自制し、この間に軍事優位の態勢を獲得し、将来的に、わが国が自衛隊派遣を決定するような事態が発生したならば、機を失せずに武力を投入し得る「逸」の態勢を築くことなのであろう。

やがて中国による「逸」の態勢が築かれ、中国が海洋法執行船とは名ばかりの〝武装船〟を頻繁かつ大量に動員し、挑発行為を繰り返し、それに対応する海上保安庁を疲弊させる。たまらずにわが国の海上自衛隊が中国法執行機関の〝武装船〟に対して対応行動に出る。その際、中国は「日本が武力行使という暴挙に出た」と大々的に国際宣伝し、作戦・戦闘的な「先機制敵」により、中国海軍による尖閣諸島などに対する本格攻撃が行なわれる可能性は否定できない。

海上保安庁の能力強化を図れ！

中国は今後も戦略上の「後発制人」と作戦・戦闘上の「先機制敵」を旨とし、海軍力の強化と並行して法執行機関の能力と活動を強化するであろう。すでに、中国の法執行機関の能力は海上保安庁の能力を凌いでいるといっても過言ではない。

中国は、海洋法執行機関を柔軟かつ効果的に運用することで、東シナ海における「逸」の態勢を構築し、わが国に対し政治的、軍事的に優位に立とうとしている。

わが国は、海上自衛隊のみならず海上保安庁の権限および能力の強化を図り、海上自衛隊と海上保安庁の密接な連携を確立することを喫緊の課題とすべきである。

第五計　趁火打劫（ちんかだきょう）　敵の苦境につけ込む

「趁《ちん》火《か》打劫《だきょう》」は「火に趁《つけこ》んで、劫《おしこみ》を打《はたら》く」と読む。いわゆる「火事場泥棒」がこの計略である。

敵の苦境につけ込み、あるいは苦境に追い込んだときには、嵩《かさ》にかかって一挙に攻め立て決着をつけることを主眼とする。

我が好機を逸しない点では、第十二計「順手牽羊《じゅんしゅけんよう》」（１１２頁参照）と相通ずるものがある。ただし「趁火打劫」には、自らがマッチポンプ的に仕掛けて好機を作為するという積極性がある。同じく「火」を題材とする第九計「隔岸観火《かくがんかんか》」（83頁参照）は消極的計略であるが、「趁火打劫」これとは真逆の積極的計略である。

真の好機を逃さない

春秋時代の呉越戦争（紀元前四九六〜四七三年）時、呉王・夫差《ふさ》は越王・勾践《こうせん》の捕獲（会《かい》

稽《けい》の恥《はじ》）に成功した。その際、呉王の部下である伍子胥《ごししょ》は「越王を許してはなりません」と進言したが、伍子胥の意見は退けられた。

助けられた勾践は馬小屋の番人になって苦労を重ねたが、許されて越に帰国した。勾践は熊の肝を舐めて、その苦味で「会稽の恥」を思い返し、復讐を誓った。また、勾践は夫差に美女を献上して、彼の警戒感を解いた（第三十一計「美人計」）。

そうこうしている間に斉で内紛が起こった。部下の伍子胥は「今は越に備える時です」と進言したが、呉王はその忠告を聞き入れず、斉に攻め込んだ。

勾践は「これが呉に攻め入る好機」と考えたが、勾践の部下が「猛獣が獲物を捕らえるときは一気呵成に行なうべきで、意図を気づかれてはなりません」とこれを諌めた。

一方の呉王・夫差は凱旋帰国して伍子胥を処刑した。越王・勾践は「これこそが本当の好機だ」と判断し、夫差が諸侯会議に出席している留守を狙って呉を攻撃して大勝した。

「敵に対する無用の情けは禁物」

わが国には「情けは人の為ならず」ということわざがある。これは「情けは、いずれは、めぐりめぐって自分に恩恵が返ってくるのだから、誰にも親切にせよ」という意味である。

一方、中国には「宋襄《そうじょう》の仁《じん》」という言葉がある。これは宋の襄公が楚の成王と戦った際

（紀元前六三八年の「泓水《おうすい》の戦い」）、襄公が敵に対して無用の情けをかけたばかりに敗北した故事にもとづいている。すなわち「敵に対する無用の情けは禁物」という戒めである。

二〇一五年一〇月末、関東・東北豪雨で被災した茨城県常陸市の民家から銅線を盗んだとして中国人二名が窃盗容疑で逮捕された。彼らは「水害で廃品が多くあると思って常陸市に来た。廃品なので窃盗になるとは思わなかった」などと話した。（二〇一五年一〇月三〇日『YOMIURI ONLINE』）

日本人の感覚では「盗人猛々しい」ということになる。しかし、二〇一一年七月に中国温州市で起きた鉄道衝突事故においても、アルミニウムなどの高速鉄道用車両の特殊金属を求めて、周辺住民と名乗る中国人が当然のごとく現場に殺到したというから、茨城県の被災での彼らの発言は、ごく自然な発想であったのかもしれない。

被災地におけるこうした輩《やから》は、なにも中国人に限らないのであって、盗人イコール中国人のような扇情的、差別的な論調は慎まなければならないが、侵略と被侵略が織り成す激動の歴史を生き抜いてきた中国人にとって、「宋襄の仁」や『三十六計』などを通じての「利用できるものは利用する」「無用の情けは身を滅ぼす」という行動論理や精神構造は何ら特異なものではない。

東日本大震災で展開された「趁火打劫」

冷厳な国際政治のなかでは、むしろ「趁火打劫」のほうが、常識なのかもしれない。二〇一一年三月一一日、東日本大震災と福島第一原発事故が発生し、わが国は未曾有の危機的状況に見舞われ、自衛隊は一〇万人態勢でこの危機に立ち向かった。

こうしたなか、ロシアは軍用機を三月一七日（IL-20）と三月二一日（Su-27×2）に日本海上空の領空ぎりぎりに接近飛行させた。こうした行為は大震災に際して、「わが国の防空能力、海洋監視能力がどの程度低下しているのか？」「日米共同対応がどの程度機能しているのか？」など、有事を想定した威力偵察であった可能性がある（第十三計「打草驚蛇」120頁参照）。他方、中国の対応行動を予測して、これに対する偵察、あるいは牽制を行なった可能性も否定できない。

韓国も、わが国による大震災復旧のさなか、日韓が領有を主張している竹島においてヘリポートの改修工事に着手し、同島の実効支配の強化を図った。（二〇一一年三月三一日、韓国『聯合ニュース』）

中国は東日本大震災を海洋進出に利用した

中国は東日本大震災で国防が手薄になったことを「奇貨《きか》」とするかのように、海洋進出における地歩《ちほ》拡大の動きをみせた。

三月一九日の香港紙『東方日報』は、わが国が大震災で混乱している時期に乗じて、「中国が釣魚島を奪回するにはコスト、リスクを最小限にしなくてはならない。今が中国にとって最高のチャンスだ」との記事を掲載した。まさに「趁火打劫」を発動せよ、とばかりの論調を展開した。

同記事は「極端な記者が投稿した偏向記事」であったのかもしれないが、これに呼応するかのように、同年三月二六日と四月一日に、中国国家海洋局所属の「海監」とその搭載ヘリ（Z-9）が海上自衛隊の護衛艦「いそゆき」に異常接近し、挑発行為を繰り返すという事件が発生した。

国家海洋局は五月一三日、福島原発の放射能の海洋への流入状況を監視することを名目に多くの船舶を日本の東側海域に派遣した。さらに同局は「日本の排他的経済水域（EEZ）に進出して監視協力を行なうつもりである」ことを公表した。

六月二三日には、宮城県金華山の約三三〇キロの沖合のわが国EEZ内で中国海洋調査船が約四時間漂泊し、海洋観測していたことが判明した。海上保安庁巡視船の退去警告に対して「合法な海洋環境調査をしている」と応じた。

国家海洋局・海洋環境保護司の李暁明・司長は「日本の放射能漏れは今後五年以内、西太

中国の西太平洋進出による脅威の増勢

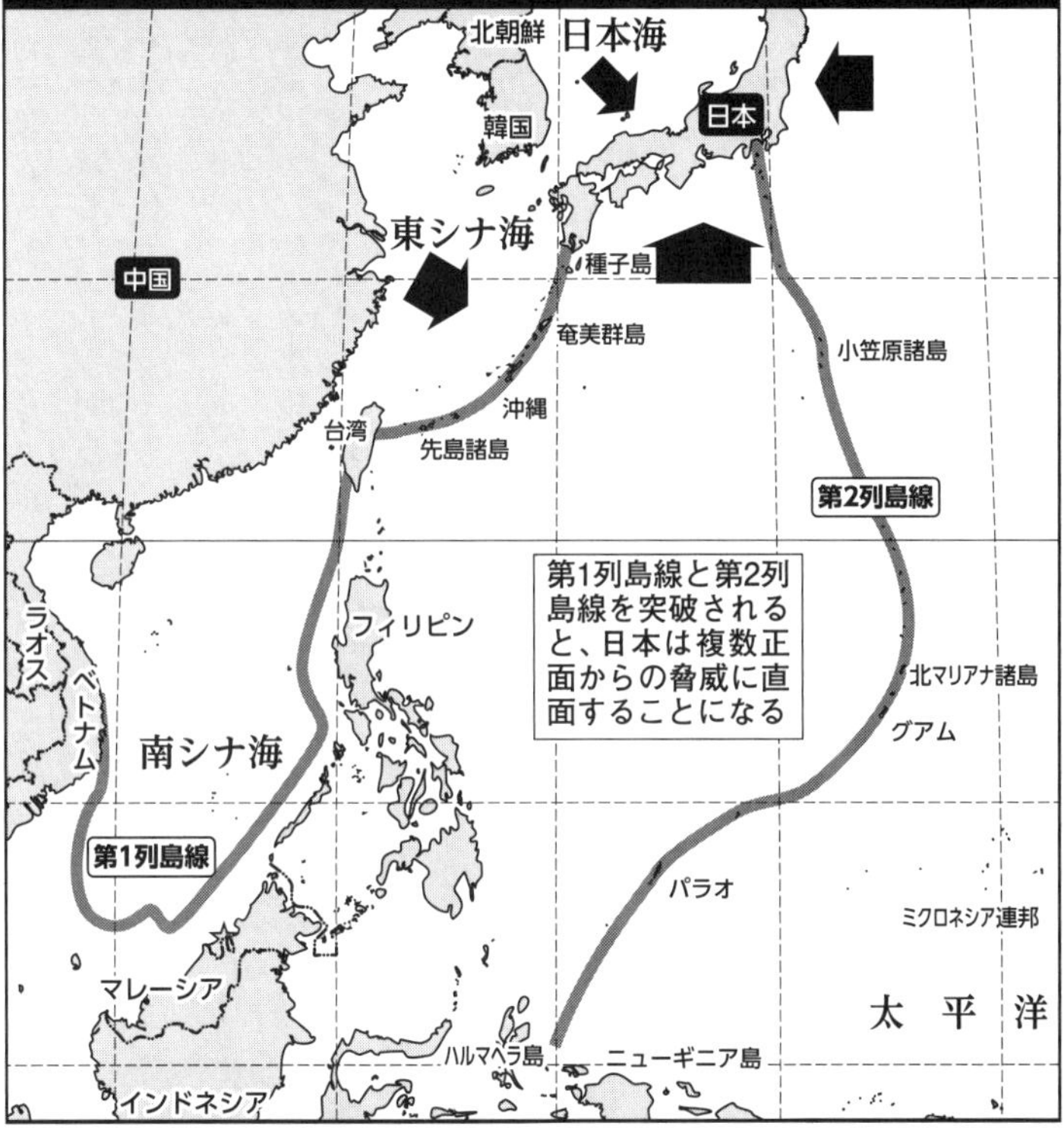

平洋に対して長期にわたり、汚染をもたらすだろう」「西太平洋は中国の海域と非常に近いことから、中国は監視、警戒を強化しなければならない。中国が日本海以東の海域に出向いて海洋の放射能汚染を監視する必要がある。日本のEEZ内での調査により、放射能の海洋への流出データもより正確なものになるだろう」と述べ、活動の正当性を主張した。

なお李司長は、劉賜

貴・国家海洋局長が丹羽宇一郎・駐中国日本大使と会見し、日本のＥＥＺで監視協力を行なうことを要求したことも明らかにした。

中国のこのような活動には、わが国の原発危機に乗じて、第一列島線を突破して第二列島線の侵食を視野に、西太平洋への進出という既成事実を作る狙いがみえる。環境調査を名目に海洋進出のための軍事情報収集活動を行なった可能性もある。

まさに「趁火打劫」の実践といえよう。

複数正面対処を確立せよ

中国は、今後もわが国の苦境に躊躇するどころか、むしろそれを利用して、海洋支配を強化してくるであろう。

中国による西太平洋への進出は、中国による東シナ海と太平洋との両翼包囲の形成を意味し、わが国は防衛態勢上、極めて不利となる。（前頁図参照）

さらにはロシア、北朝鮮、韓国の不透明な行動も予想される。わが国は一刻も早く複数正面対処を念頭においた防衛計画・体制を確立しなければならない。

第六計　声東撃西（せいとうげきせい）敵の予期しないところを攻撃する

「声東撃西《せいとうげきせい》」は、「東に声《こえ》して、西を撃《う》つ」と読む。東を攻撃するとみせかけて、西を攻撃する、つまり、敵を欺き、敵の予期しないところに主攻撃をかけることである。軍事作戦の「陽動」にあたる。語源は「通典《つてん》」の「声言撃東、其実撃西」（東を撃つと宣言し、その実は西を撃つ）とされている。

この計略は相手の指揮官が無能で、指揮系統も乱れているときに有効である。敵の予期しない方向から敵を攻撃し、準備不足を露呈させることが要訣《ようけつ》である。

本計略は、敵が示している攻勢行動に目を奪われていると、敵の真実の意図を見誤るということを示している。政治・外交戦略にも活用される。

曹操が「声東撃西」で袁紹に勝利

西暦二〇〇年の曹操《そうそう》と袁紹《えんしょう》の戦い（白馬《はくば》・官渡《かんと》の戦い）にさかのぼる。曹操に対して兵力優位に立っていた袁紹は、曹操軍の前進基地である白馬を攻めることによって、曹操軍の兵站・補給線および退路を遮断する策に出た。そこで、袁紹は十分な兵力を白馬に向けて出動させる命令を下した。

一方の曹操は、袁紹軍のこの動きを知ったが、今さら白馬を守るための兵力を送ったとしても、圧倒的に優勢な袁紹軍に対しては「多勢に無勢」で勝ち目はない。そうかといって、戦略的要衝である白馬をみすみす放棄するわけにもいかない。そこで、途方に暮れた曹操に対して、名参謀である荀攸《じゅんしゅう》が提案した策が「声東撃西」であった。

これは袁紹軍の旧根拠地である延津《えんしん》を攻撃するようみせかけて、白馬に派遣させる袁紹軍の兵力を割くというものであった。曹操は日中、黄河《こうが》沿いに主力を延津へと向かわせた。この計略に引っかかった袁紹は、白馬へ向かっていた兵の半数を呼び戻し、延津に向かうよう命じた。

しかし曹操は日が暮れると、軍の進路を変えて、夜を徹して、本来の目標である白馬へと軍を向かわせた。延津に向かった袁紹は、そこに曹操軍が一兵もいないことを知って混乱した。

一方の曹操軍は白馬において、袁紹軍を上回る兵力を結集したため、この戦いに勝利し、戦略的要衝である白馬の防衛に無事成功した。

「声東撃西」は毛沢東の十八番

一九九一年の湾岸戦争において、米軍はクウェートに上陸するとみせかけて、イラク軍を海岸防衛に釘付けにし、主力は西側方面から転用し、イラク軍の退路を遮断した。さらに過去の戦史にさかのぼれば、イギリス軍がドイツ軍に対して行なったノルマンディ上陸作戦において、チャーチルは主攻撃方向を巧みに欺騙する「陽動」作戦を用いて、ヒトラーに勝利した。

こうした歴史に違わず、毛沢東も「声東撃西」を好んだ。毛沢東選集第一巻『中国革命戦争の戦略問題』で、毛は「『声東撃西』で人為的に敵軍に過ちをしでかせることができる」と述べている。

毛は「弱小の共産党軍が、強大な国民党軍や日本軍に勝利するためにはいかに為すべきか」を考え、紀元前六八四年から三八三年までの千年余りの間に戦われた一〇回の戦史を研究し、そのなかで曹操が行なった「白馬・官渡の戦い」における「声東撃西」を必勝の秘訣としてとり上げた。

中国は武力行使を放棄せず

二〇一五年一一月七日、シンガポールで中台分裂後、初めての中台首脳会談が開かれた。

一六年五月で任期満了となる国民党・馬英九《ばえいきゅう》総統は「歴史に名を残したい」との思惑からか、この〝歴史的な会談〟を画策したものとみられる。

しかし、会談後にＮＧＯが実施した世論調査では「満足」（三九・六パーセント）を「不満足」（四八・五パーセント）が上回り、「馬総統が中華民国の主権と利益を擁護しているか？」との質問には四六・八パーセントが「そう思わない」と回答した。（二〇一五年一一月二二日『東洋経済オンライン』）

二〇一六年の台湾総統選挙では民進党・蔡英文《さいえいぶん》が大勝利した。〝歴史的な会談〟が国民党の劣勢を覆す「起死回生の一手」になるどころか、逆に台湾の民意の反発を招いたということであろう。

中国の習近平政権は、民進党政権に対して、経済力や軍事的威嚇などを駆使して、首脳会談の定例化を呼びかけ、さらには統一を前提にした「政治対話」を開催するよう、圧力をかけていくとみられる。

しかしながら、統一を望まない台湾の民意を背景に、蔡が中国との「政治対話」に応じる可能性は極めて低い。それどころか、中国側の出方次第では、台湾においてふたたび「独立論」の提起や「独立の是非を問う住民投票」の問題が頭をもたげ、中台関係が緊張化する可能性がある。

中国は「政治対話」による平和的手段での台湾統一を原則としているが、台湾に対する武力行使を放棄したわけではない。二〇〇五年の「反国家分裂法」では台湾が独立宣言などをした場合には「非平和的手段」、すなわち武力行使をとることが明記されている。だから、中台双方は武力衝突を予期した軍事訓練を継続しているのである。

二〇一五年七月、人民解放軍は北京軍区の朱日和《ジュリフ》・合同戦術訓練基地で対抗演習を実施した。その状況を『解放軍報』が「斬首《ざんしゅ》行動を成功裏に実施した」と報じた。

この斬首行動とは、台湾総統が所在する総統府に対する、電撃作戦として注目されてきた。他方、台湾紙は「この演習で台湾総統府に似た建物が映っていた」として中国側に反発した。（二〇一五年七月二四日『産経ニュース』）

これに対する台湾側は二〇一五年九月、毎年恒例の台湾軍最大の統合演習である「漢光演習」（当年は「漢光三一号」）を実施し、台湾西岸（中国対岸）を東西に走る高速道路上で空軍機の離発着訓練などを演練した。

このように、中国が武力行使に出る公算は低いとはいうものの、武力行使が一つの選択肢であることにはまったく変化はないのである。

台湾は人民解放軍による「声東撃西」を警戒

中国による対台湾武力行使の形態には、弾道ミサイルによる飽和攻撃、航空攻撃による要点制圧、離島（金門・馬祖、澎湖島など）侵攻、台湾海峡の海上封鎖などが予想されている。台湾側がこれらで独立意思を放棄しない場合や、中国の国内世論が「台湾側に徹底制裁を加えるべきだ」などとして盛り上がった場合には、最終選択肢である着上陸侵攻まで、一挙にエスカレートする可能性は否定できない。

中国が着上陸作戦を敢行するとなれば、「台湾海峡に面した台湾北西部の海岸に上陸する公算が高い」と見積もられている。なぜならば、政治・軍事中枢である台北への最短距離であり、米軍来援以前の「速戦即決」が追求できるからである。また、中国大陸からの火力支援や補給支援が得られやすいうえに、上陸適地が存在するからである。

しかし、台湾軍は人民解放軍による「声東撃西」を警戒している。二〇一一年七月、「漢光二七号」が行なわれた際、台湾軍が想定した人民解放軍の演習シナリオは次のようなものであった。

（1）中国が国内の圧力の捌け口を求め、台湾侵攻を決断。

（2）人民解放軍は千発以上の弾道ミサイルおよび巡航ミサイルを台湾の航空基地、重要施設に一斉発射。その間に第一五空挺軍が、スホイ（Ｓｕ）戦闘機などの掩護下で台湾各地の飛行場に降下。

（３）正規軍の上陸船団および漁船群を加えた一〇万名以上の兵力が、台湾に対して三正面から上陸を指向。その際、主力が目指す正面は台湾北西部だが、実はこれは「陽動」作戦。台湾の北部を管轄する台湾軍第六軍団を引きつけながら、突如、人民解放軍は南方に主攻撃を転換し、台湾中部の台中港一帯にかけて上陸。

（４）台湾中部を防御担任とする第一〇軍団は予期しない人民解放軍の不意の上陸に対して対応が遅れ、同軍団が上陸正面に駆けつける前に、人民解放軍は台中港と台中近傍の清泉崗《チンチュアンガン》基地を占領。

この演習シナリオにみられるように、台湾は人民解放軍が「声東撃西」を採用して予期しない場所に攻撃が指向する可能性を警戒しているのである。

台湾有事におけるわが国領土への侵攻を警戒せよ！

台湾有事における人民解放軍の攻撃軸という観点からさらに付言しよう。台湾は、劣勢な戦力をできるだけ長く保持し、米軍の来援を待って反撃に転じ、持久戦に持ち込んで、中国の侵攻意図を断念させる作戦を考えている。つまり、以下のような対応戦術・戦法に出る。

（１）作戦当初に予想される中国側の弾道ミサイル攻撃や、攻撃機によるレーダーサイトおよび航空機格納庫に対する要点攻撃に対しては、台湾軍は「真っ向勝負」を回避し、戦闘機などをいったん安全な場所に退避させる。
(2) 人民解放軍が着上陸侵攻を行なう際になって、〝虎の子〟のE‐2T哨戒機や最近米国から購入したP‐3C対潜哨戒機などの運用とともに、いったん退避した戦闘機を運用して、中国側の着上陸部隊に打撃を試みる。

戦闘機を退避させる安全地帯というのが台湾東岸の花蓮《かれん》市の近郊にある、大理石の洞穴を活用して建設した大型格納施設である。
台湾軍はほぼ毎年の「漢光演習」で戦闘機の離発着訓練を実施している。これは、台湾西岸に所在する航空基地などの被害を想定し、戦闘機を周辺の高速道路を使用して離陸させ、台湾東側の花蓮市近郊の格納施設へ退避させることを想定としたものであろう。
台湾側のこうした作戦が実行されるとすれば、戦況の膠着化を懸念する人民解放軍は、退避した台湾戦闘機の運用を妨害する作戦にでる。つまり人民解放軍は台湾東側から戦力を転用する可能性が生じる。その場合、人民解放軍が攻撃軸の多様化や日米の軍事介入の排除を狙いに、南西諸島を攻撃する選択肢が浮上してくることになる。(次頁図参照)
たしかに「台湾問題を国内問題として処理する」ことを狙う中国が、日米を戦争に介入さ

中国が想定する台湾への攻撃軸（一案）

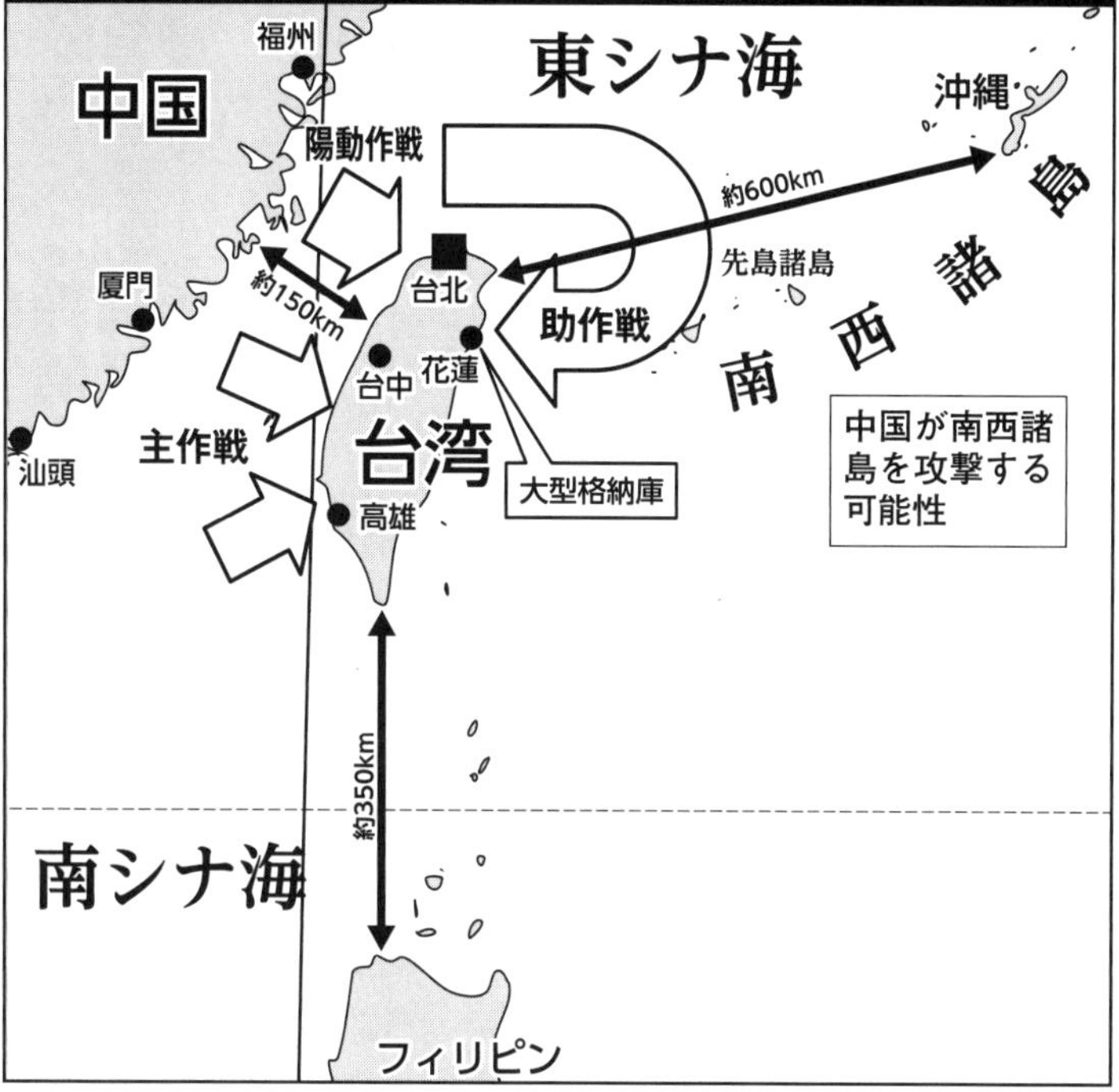

せることになる、わが国領土へ侵攻する公算は低いのかもしれない。

　しかし、中国が「台湾統一」という大義を掲げ、〝乾坤一擲《けんこんいってき》〟の侵攻作戦を敢行する以上、軍事的失敗は絶対に許されない。よって、中台危機において、わが国の南西諸島に対する攻撃が行なわれる可能性は否定できない。

　その際には、小笠原諸島などへの漁船集結（11頁参照）についても、「声東撃西」の計を成功させる「陽動」作戦の意義を持つことになろう。

第七計　無中生有（むちゅうしょうゆう）虚偽の事実をでっち上げる

「無中生有《むちゅうしょうゆう》」は「無の中から有を生ず」と読む。語源は「万物は無から生ずる」との『老子』からの引用であるとされる。

本来はなかった物をあるようにみせ、その間に着実に実態を整える計略である。いわゆる虚偽の事実の「でっち上げ」「はったり」の計略である。

藁人形を兵士に見立てて敵の油断を誘う

唐の時代、安禄山《あんろくざん》が反乱軍を率いて相手側を包囲した（「安史《あんし》の乱」七五五年）。相手側の守備隊長である張巡《ちょうじゅん》は、藁人形を千体以上作らせ、黒い服を着せ、城壁に沿ってこれを並べ、反乱軍に兵士だと錯覚させた。安禄山の兵は藁人形に向けて一斉に矢を放った。張巡は敵から数十万本の矢をまんまとせしめることに成功した。

張巡はその後、反乱軍が藁人形だと油断することを見通して、今度は藁人形でなく五百人の決死隊を準備した。案の定、安禄山は、兵が藁人形であると高をくくり、特段の防御態勢を敷かなかった。そのため張巡の決死隊はみごとに反乱軍の陣営に突入し、火を放って混乱させ、その隙に張巡側の全軍が敵陣に突入した。

本計の恐ろしいところは、この小史にみられるように、「でっち上げ」だと高をくくっているると、あとで取り返しのつかない大惨事になるということである。

「無中生有」は中国の常套手段だ

二〇一二年九月、わが国による尖閣諸島国有化の以降、日中間の軋轢が急拡大した。中国国内での反日デモはまもなく収まったが、「海監」および「漁政」などの法執行船による尖閣諸島領海内への侵犯が常態化した。

二〇一三年一月一三日、尖閣諸島北方の東シナ海公海上で、中国海軍のフリゲート艦が海上自衛隊護衛艦に対し、約三キロ離れた所から、約三分にわたって射撃管制用レーダー（FCレーダー）を照射した。

二月五日、わが国は中国側がFCレーダーを使用したことを公表して、中国側に対し「危険きわまりない」と抗議した。

翌二月六日、外交部の定例記者会見で華春瑩《かしゅんえい》・報道官は「外交部は日本から抗議されるまで知らなかったのか」との質問に対し、「そう理解してもよい」と返答した。

二月八日、国防部は「照射したのは監視レーダーだ」とし、FCレーダーの使用を完全否定した。そして華・報道官が「日本側の『無中生有』だ」と言い放った。

開き直りともいうべき完全否定は、FCレーダーを照射することの重大性を認識できる国際常識は持ち合わせていたことを示すものであろうが、一方、中国指導部は予期しない事態の対応に迫られたことで、「無中生有」だと居直り、完全否定を押し通すしかなかったと推察される。

また、華・報道官による「無中生有」発言は、中国がこの計略を常套手段として、平素から多用している証左であろう。

抗議には逆抗議で居直る

二〇一四年五月二四日、中国の戦闘機二機（Su－27）が東シナ海上空で自衛隊の電子情報収集機（YS－11EB）に約三〇メートルまで接近した。同年六月一一日に、オーストラリアの国防相と外務相が来日中に、中国の戦闘機二機がふたたび自衛隊の情報収集機に接近した。

小野寺五典《いつのり》・防衛大臣が、「こうした危険な飛行を行なわないよう」に外交ルートを通じて抗議した。これに対し六月一二日、中国国防部は「東シナ海の中国の防空識別圏で定期哨戒飛行中のTu-154型機が日本のF-15戦闘機二機に三〇メートルの距離に異常接近された」として、〝証拠〟の動画を公表した。

この動画を分析したわが国の専門家によれば、日中双方の航空機の距離は十分に保たれており、中国側の主張はまったくの捏造であった。(17頁参照)

中国国防部は、わが国の抗議に対して居直り、逆に「自衛隊機の異常接近」をでっち上げることで、わが国を逆牽制するとともに、諸外国に対して、自らの正当性をアピールする国際宣伝戦に出たものとみられる。

尖閣諸島の領有権は〝でっち上げ〟

最近の日中間対立の直接原因は尖閣問題にある。尖閣諸島は沖縄県の石垣島の北西約一七〇キロに位置しているが(次頁図参照)、これについても、中国側による「無中生有」が仕掛けられていることを指摘しておかねばならない。

わが国は一八八五年から尖閣諸島に対する現地調査を開始し、台湾割譲が合意される下関条約の締結以前に、同諸島が占有者のいない土地、すなわち国際法上の無主地であることを確認し、わが国領土に編入した。

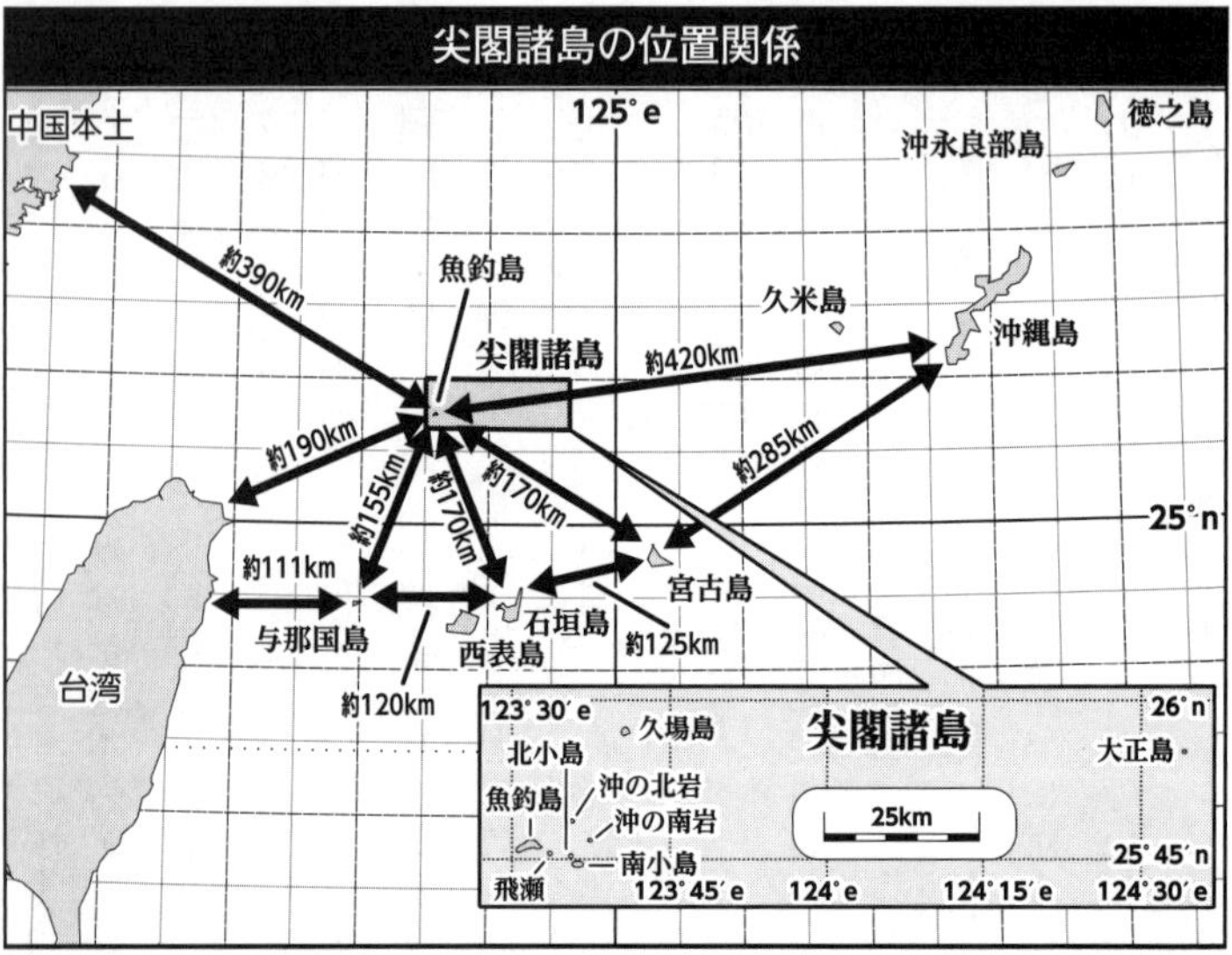

これに対し、当時の清国からは、なんらの異議申し立てはなかった。その後、尖閣諸島は一九五一年の「サンフランシスコ平和条約」で沖縄本島とともに一時的に米国施政下に置かれ、七一年に、「沖縄返還協定」に基づき、沖縄とともに施政権が返還された。この間、中国は尖閣諸島の領有権を公式に主張したことは一度もない。中国が五八年に発表した「領海声明」においても、尖閣諸島は中国の領土だと主張されていない。

ところが、中国は一九七一年、「尖閣諸島は中国古来の領土である」との領有権主張を開始した。これは、国連アジア極東経済委員会が同海域の海洋調査を実施し、六八年に「同海域には大規模な石油・ガス田が存在する可能性が高い」ことを発表したことに対応したものである。

その後、「日中平和友好条約」の締結が大詰めに近づいていた一九七八年四月、中国の武装漁船が同諸島付近に集結し、日中に一挙に緊張が高まった。この際、鄧小平《とうしょうへい》・副主席が「問題を後代に委ねよう」と「棚上げ」を提唱し、尖閣問題は一応の沈静化をみた。

しかし一九九二年、中国は「領海法」を制定し、南沙諸島などに加え、尖閣諸島の領有権を明記した。つまり、中国はいったん自ら「棚上げ」を提唱しておきながら、一方的にそれを放棄した。

中国は尖閣諸島の領有権を〝でっち上げ〟、そして「棚上げ」論でわが国を油断させ、その間に尖閣諸島が「自らの古来の歴史的領土」であることを正当化する文献の収集と、自国にとって都合の悪い日本側の文献・地図の棄却を行ない、「領海法」という国内法をもって外堀を埋めた。

明代に著された書物に釣魚台の文字が記述されてあったとの主張を中心に、領有権の存在を国内外に喧伝していく一方で、尖閣諸島と記述されている『中国地図集』は都合が悪いため、中国政府が躍起になって回収しているといわれている。

まさに「無中生有」の実践が行なわれているのである。

きるであろう。

南シナ海における人工島建設

中国のこうした手口は、南シナ海における支配圏拡大の状況をみれば、より鮮明に認識できるであろう。

中国は南シナ海における実効支配の範囲・規模を逐次拡大しているが、その領有権主張の論理が尖閣諸島と同様に「中国古来の歴史的領土」というものである。その証拠として、「後漢時代（二世紀）や明代（一五世紀）に艦隊を派遣した」「明代の書物に島嶼の名前が記述されていた」「漁民が航海の時に立ち寄っていた」など、今となっては信憑性すら評価できない文献を使用している。

さらに「島嶼周辺の海域から中国製の土器の出現があった」などの〝証拠〟を持ち出している。これに関しては、中国が一九六〇〜七〇年代に持ち込んだものとの疑惑がある。

近年、南シナ海では低潮時にわずかに海面に露出する岩礁（法律上は低潮高地）に、領土標識と掘っ立て小屋を建て、その後に岩礁を埋め立て、いつの間にか観測所や中継所といった立派な建造物にしている。さらに、岩礁の埋め立てを拡大し、滑走路やレーダーなどを建設して軍事拠点にしようとしている。

ここでも無から有を生ずる「無中生有」の実践が着々と行なわれているのである。

南シナ海における中国の急速な拠点近代化

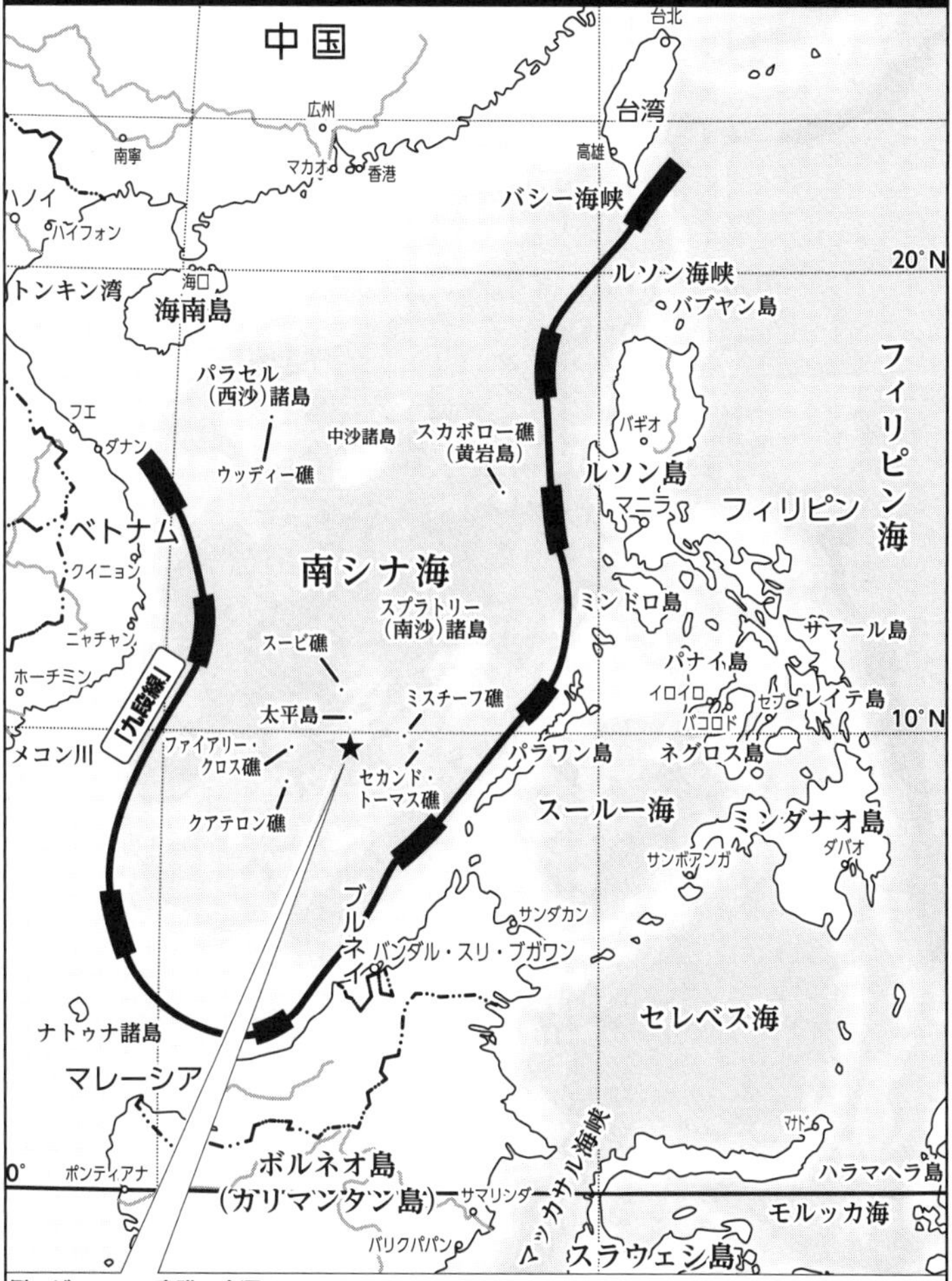

例：ジョンソン南礁の変遷

中国の「無中生有」に警戒を怠るな！

「まったく論理的根拠に欠く、意味のないもの」から、もっともらしい論理的根拠をでっち上げ、いつのまにか外見上も立派な実効支配の拠点を作ってしまうのが中国の常套手段である。

中東方面への石油依存で成り立つわが国にとって、南シナ海はまさに生命線である。また南シナ海で生起している状況を放置すれば、その危険がたちまち東シナ海へと波及することになろう。

わが国はこのことを肝に銘じ、中国の動向を注視し、中国による理のない主張に対しては、国際政治の場でしっかりと反駁することが重要である。

そして、ようやく〝重い腰〟を上げて、南シナ海における「航行の自由」作戦を展開している米国に対して、わが国は信頼される同盟国として最大限の支持を行なわなければならない。

第八計　暗渡陳倉（あんとちんそう）　敵を欺き密かに別の場所を攻撃する

「暗渡陳倉《あんとちんそう》」は「暗《ひそか》に陳倉に渡る」と読む。語源は、項羽《こうう》と劉邦《りゅうほう》の戦いで、劉邦の軍師である韓信《かんしん》が採用した迂回作戦である。通常「明修桟道、暗渡陳倉」の成句のかたちをとっている。陳倉は地名である。現代の中国口語で「暗渡陳倉」は男女の密会を示す。

「暗渡陳倉」は第六計「声東撃西」と同じく、偽装工作と奇襲を合わせた戦術・戦法である。つまり、予期しない方向から敵を攻撃することで、決戦正面の敵兵力を分散させ、その一方で我の兵力を集中して、決戦正面におけるわが兵力を優越させること（戦闘力の集中）を狙いとする。

ただし、「声東撃西」が「今か今かと、大声を打ち鳴らし、攻撃開始を告げ」て、複数の攻撃方向を意図的に示威する陽動作戦であるのに対し、「暗渡陳倉」は「攻撃開始を悟られることのないように偽装し、密かに敵の予期しない方向から攻撃する」という違いがある。いわば、この計略は密かに行なわれる「声東撃西」である。

「暗渡陳倉」で劉邦の勝利

紀元前二〇〇年頃の楚漢戦争にさかのぼる。項羽は劉邦を漢王に封じ、関中《かんちゅう》から遠くはなれた漢中に赴任させた。劉邦の野心を警戒する項羽は、劉邦を関中からできるだけ遠ざけておきたかった。

劉邦が関中から漢中に赴任するためには、秦嶺《しんれい》山脈の険しい蜀の桟道《さんどう》を通らなければならなかった。その際、劉邦は関中に通じる桟道を吊り橋もろとも焼き払った。項羽を安心させるために「二度と関中には帰らない」という意思表明であった。

しかし、劉邦は新任地の漢中で、軍を再構築し、十分な兵力を整えた。その後、ふたたび関中を取り戻すための策を練った。その策を献上したのが韓信である。

劉邦は焼き払った桟道の修復工事を命じた。つまり、「劉邦は桟道から関中を攻撃する」と誤認するよう偽計した。

しかし、劉邦の狙いは桟道からの攻撃ではなく、密かに旧道から迂回して関中に隣接している陳倉を攻撃することであった。かくして劉邦は見事に敵の防備が薄い陳倉の攻撃に成功、逐次、その戦果を拡大して、関中を奪回することに成功した。

中国漁船衝突事件の真相

中国は尖閣諸島海域に法執行船を派遣して領海侵犯を繰り返しているが、その目的は同島を領有することだけなのだろうか？　そればかりに目を奪われていてもよいのだろうか？

そこで、別の角度から分析を加えてみよう。

尖閣問題が緊迫化した契機は二〇一〇年九月の中国漁船衝突事件であるが、それ以前から東シナ海問題の序章は開始されていた。

●二〇一〇年三月、日中の懸念事項であった「毒入り餃子事件」（〇八年初め、中国の食品工場から輸入された餃子により、日本人一〇人が嘔吐や下痢などを訴えた事件）が解決し、日中の新たな争点が東シナ海ガス田問題へと移行した。

●同年五月末に温家宝《おんかほう》・総理が訪日し、白樺ガス田の共同開発などに向けた第一回政府間交渉を実施することが合意された。

●七月二七日、同合意にもとづき日中政府間の初めての交渉が開催され、九月中旬に条約締結に向けた第二回目の政治交渉を行なうことで合意した。

ある公開情報によれば、中国漁船衝突事件のわずか二日後の九月九日に、九月中旬の第二回交渉に向けたワーキンググループ会議が予定されていたという。他方、ガス田の共同開発に向けて政治交渉の再開に応じようとする温総理に対しては、「日本に譲歩し過ぎだ」「弱腰だ」「国賊だ」などとする非難が続出し、「白樺ガス田の権益を失ってはならない」との主張が展開されたという。

中国指導者は、国民からの〝弱腰批判〟を最も恐れる。それはたちまち権力失墜へと向かうからだ。こうした批判が生起した段階で、すでに温総理の対日政策は牽制され、第二回交渉の開催には危険信号が灯っていたのであろう。

こうした不穏な状況のなか、中国漁船衝突事件が発生したのである。そして九月一一日、中国が第二回交渉の中断を発表し、その後、「海監」や「漁政」を派遣し、九月一七日には、白樺ガス田に掘削パイプが搬入された。

このように中国は漁船衝突事件を奇貨《きか》とするかのように日中交渉の中断を発表し、本格的な掘削作業を再開したのである。

こうした中国側の対応の素早さをいかに判断すべきであろうか？

中国漁船衝突事件と、白樺ガス田開発に向けた政治交渉の再開阻止や掘削活動の再開との直接的な関連性はさておき、少なくとも中国側の一部勢力は（反胡錦濤・温家宝グループ？）は、なんらかの手段を講じて、九月中旬の第二回交渉を中断し、掘削活動を再開する機会をうかがっていた可能性がある。

さらに想像を膨らませば、一部勢力が意図的な中国漁船衝突事件を作為し、わが国を尖閣問題に釘づけにし、真の目的である白樺ガス田の交渉白紙化を狙ったとの仮説も成立する。すなわち、敵を欺き、密かに別のところを攻撃するという「暗渡陳倉」の実践が行なわれたのかもしれない。少なくとも、こうした複眼的な目をもって、生起する事態を分析していくことが必要なのである。

東シナ海ガス田プラットホームの〝不沈空母〟化

これまでの日中間の政治交渉があたかも存在しなかったかのように中国によるガス田開発は進展している。

二〇一五年七月、わが国政府は日中中間線近くの海域で、一三年六月以降に確認した一二基を含む計一六基の海洋プラットホームの写真を公開した。新たに確認されたのは、一三年六～一月に三基、一四年四～八月に五基、一五年三～六月に四基である。（次頁図参照）

東シナ海ガス田の埋蔵量はサハリン油田などに比べるとはるかに少量であり、パイプラインの維持費もばかにならない。中国にとって採算性のある事業でない（この点は日本も同じ）。それにもかかわらず、相当のコストをかけてこれだけの規模の施設を短期間に作る真の狙いは何か？

日中中間線およびその近傍で進む中国のガス田

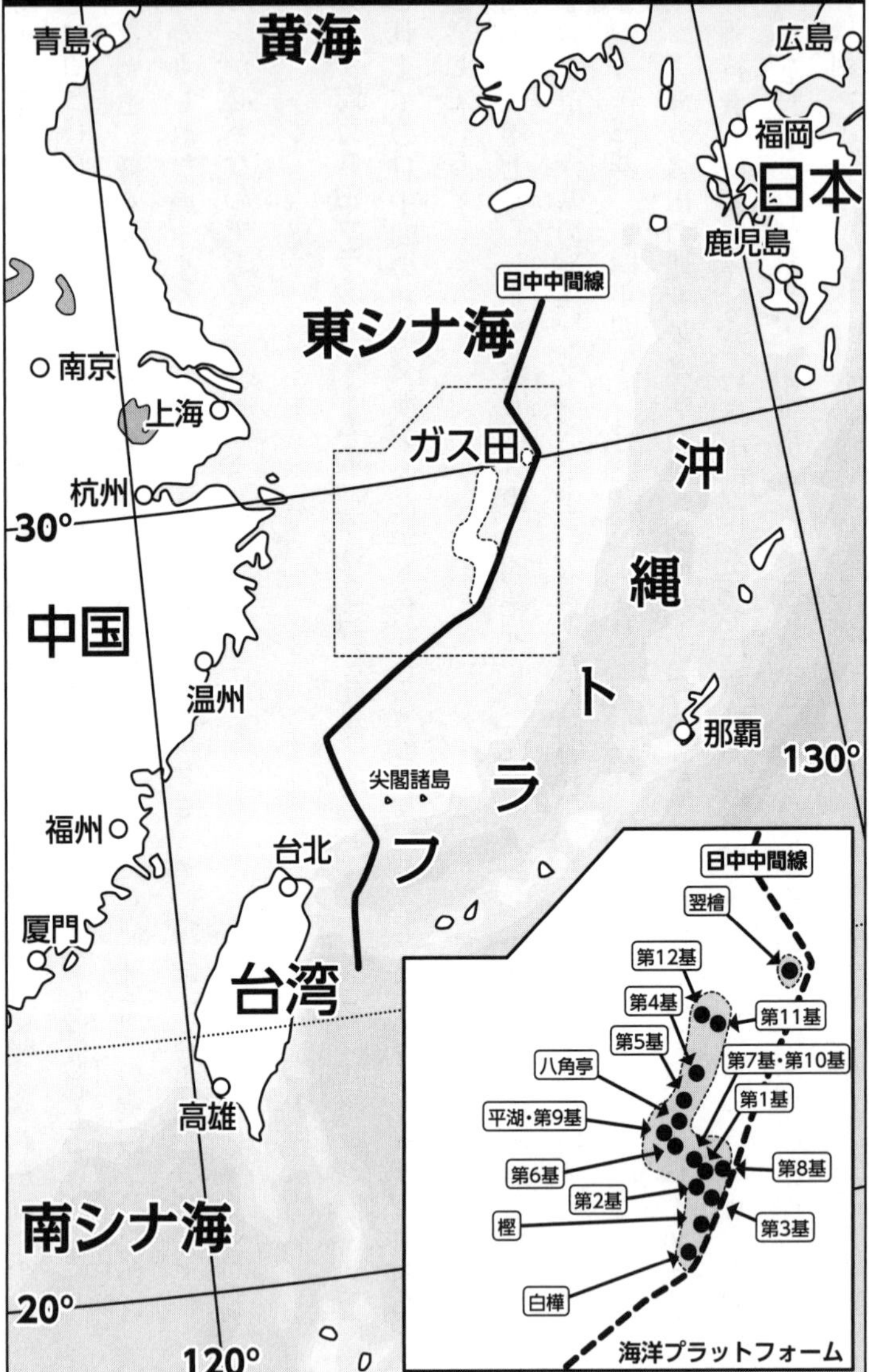

中谷元《なかたにげん》・防衛大臣は二〇一五年七月一〇日の衆院平和安全法制特別委員会で、中国が東シナ海に建設している新たな海洋プラットホームが軍事拠点化される可能性に言及し、日本の安全保障にとって新たな脅威になるとの認識を示した。

中谷大臣は軍事転用されるケースとして「プラットホームにレーダーを配備する可能性がある」と指摘。そのうえで「東シナ海における中国の監視、警戒能力が向上し、自衛隊の活動がこれまでよりも把握される可能性があると考えている」と説明した。

つまり、中間線付近に複数のプラットホームを建設することにより、海上に〝不沈空母〟を人工的に作り上げ、中国は東シナ海の制海権と軍事的優位を確立することを狙っている可能性があるのだ。

中国の「暗渡陳倉」を阻止せよ！

中国は、「日本が主張する中間線までは疑いない中国のＥＥＺである。我々のＥＥＺは沖縄トラフまである」と主張する。したがって、「中間線の中国側に所在するガス田は、中国の主権の下で独自開発する。日本側からのいっさいの中止要求には応じない」というのだ。

そこからは、中間線の容認につながるような共同開発は中国にとって得策ではないという意図が読み取れる。

毛沢東の領土認識によれば沖縄までもが中国の属国である。よって中国の東シナ海における野望はガス田の開発、尖閣諸島の領有にとどまるものではない。沖縄トラフまでの海域を支配し、沖縄を属国化し、西太平洋への自由な進出口を確保する、そして「中華民族の偉大なる復興」の御旗にもとづく清朝最大版図の復活なのである。

我々は、尖閣問題ばかりに目を奪われてはならない。中国は「暗渡陳倉」を活用し、東シナ海の支配圏の拡大を狙っている。密かにガス田開発を強化し、そこを〝不沈空母〟化し、水面下では沖縄本島、南西諸島における土地買収を進め、地域住民、マスコミに対する親中化工作を実践しているのである。

恐るべき中国の「暗渡陳倉」が実践されていることを認識しなければならない。

第九計　隔岸観火（かくがんかんか）静観して「漁夫の利」を得る

「隔岸観火《かくがんかんか》」は「岸を隔《へだ》てて、火を観《み》る」と読む。この計略は対岸の火事、すなわち他人の災難に対しては手を貸さず、じっと静観するというものである。類語に「拱手傍観《きょうしゅぼうかん》」がある。ただし、重要な局面にただ傍観しているだけでは兵法でもなんでもない。この計が兵法たる所以《ゆえん》は、敵の内部分裂などをじっくりと静観し、無駄な労力を費やすことなく力を蓄えて、機をみて敏に自らの利益を得る行動に出ることにある。

曹操が「隔岸観火」により戦わずして勝利

後漢時代末期、曹操《そうそう》と袁紹《えんしょう》の戦いで、袁紹は敗北による心労が重なり病に伏した。三人の息子はいずれも袁紹の地位継承を狙っていたが、継承したのは次男であった。長男は当然、大きな不満を抱いた。曹操はこの内部紛争を好機としてとらえ、袁紹の一族を一気に攻め落とすことを考えたが、三人が一致団結して、曹操の攻撃を防御する動きをみせた。

その後、曹操は三兄弟の長男を殺害した。自らの身を案じた次男と三男は、中国北部（現在の内モンゴル自治区）に居住する異民族の烏恒《うがん》の下に身を寄せた。曹操は烏恒を攻撃してこれを破った（白狼山《はくろうざん》の戦い）。

しかし袁兄弟は、さらに辺境にいる遊牧民族の公孫康《こうそんこう》に助けを求めた。部下が曹操に対して、「公孫康と袁兄弟もろとも一挙に片づける」よう進言したが、「公孫康は袁兄弟を恐れていた。だが、いま攻撃を行なえば、公孫康は袁兄弟と連合する。しばらくすれば、お互いが寝首をかこうとする。わが軍をわざわざ動かして犠牲を払うことはない」と述べた。

曹操の読みどおり、公孫康は袁兄弟を殺害し、その首を曹操の下に届けてきた。

「内政不干渉」の原則は「隔岸観火」の応用

中国の外交は「内政不干渉」を基本原則としている。一九五四年四月、中国はインドとの間に「平和五原則」を交わすが、このなかでも内政不干渉が謳われている。

この原則は「国家は国際法に反しない限り、一定の事項について自由に処理できる権利を持ち、他国はその事項について干渉してはならない義務がある」というものである。

たしかに、中国外交は、他国の紛争や人権侵害などに対しては「内政不干渉」の側面もみせるし、チベット問題やウイグルなどの独立問題などにおける国際社会の批判には、内政干渉であると強く抗弁する。他方、中国は建国以後、水面下で「革命輸出」を行ない、わが国の歴史教育や靖国問題に対してあれこれと政治的関与を繰り広げている。

実は、中国の「内政不干渉」の原則は、一流のレトリックであって、最小限の労力で最大限の国益確保を追求する「隔岸観火」の応用でもある。

対アフリカ政策にみられる「隔岸観火」

中国は石油資源の確保などからアフリカ諸国への進出を強化している。この際、中国は「隔岸観火」、すなわち「内政不干渉」の原則を基本に据えた巧みな外交を展開している。

二〇一一年の「リビア内戦」への対応などその好例であろう。リビアではカダフィ大統領が一九六九年以来、四一年間というアフリカ最長の独裁政権を誇っていた。ところが、チュニジア発の「ジャスミン革命」、エジプトにおける内乱などの「アラブの春」が発生した。その波紋により、リビアでは民衆によるカダフィ大統領の退陣要求へと発展した。やがて、カダフィ勢力と反カダフィ勢力であるリビア国民評議会との本格的な内戦へと突入した。

内戦の結果、カダフィは死亡し、国民評議会がリビア全土を掌握し、新たにリビア共和国が建国された。この間、欧米はカダフィ勢力によるデモ弾圧を厳しく非難し、人権尊重を要求するなど、早くから国民評議会の支持で結束していた。

しかし中国は「内政不干渉」の立場を示し、欧米の国民評議会支持に同調しなかった。だが、カダフィ派の形勢が不利になるにつれ、中国は国民評議会との接触を開始した。そして国民評議会の勝利が確定するとすぐに国民評議会を正当政府として承認した。中国は国民評議会から「中国によるリビア再建のための参加を歓迎する」との言質《げんち》を得ることに見事に成功した。

「隔岸観火」の背後にある中国の思惑

リビアは世界第八位の石油埋蔵量を誇る。中国にとって同国に対する影響力を保持しておくことは石油戦略のうえからも重要である。そのため中国は「内政不干渉」の原則を示し、カダフィ派と反カダフィ派のどちらが内戦に勝利しても、影響力を保持できるよう「隔岸観火」を採用したのであろう。

中国の対アフリカ政策の基本路線ははっきりしている。人権侵害が行なわれている国においてもこれを問題とせずに、「内政不干渉」の原則を保持し、「問題解決は主権当事国にまかせる」ことを建前とする。しかし、その実態は資源などの権益を確保するためのレトリックなのである。

近年は、世界各地における中国の関与が大きくなり、自身の権益も増大している。これを守るためには欧米諸国との連携・協調も不可欠となっている。これにともない中国は「内政不干渉」の原則を転換したかのように積極的な国際支援の側面も出してきてはいる。

しかしながら、中国は欧米諸国の行動や対応を見極めつつ、自らが構築した既得権益や影響力を失わないよう、「内政不干渉」を基本原則に掲げ、最小限の犠牲で最大限の効果を求める、慎重な政策を追求することに変化はない。

中東政策にみられる「隔岸観火」の実態

中東ではシリア情勢が混沌としている。米国は、シリアのアサド政権の退陣とIS（イスラム国）の打倒を狙い、反政府武装組織の「自由シリア軍」（反アサド勢力）への軍事支援などを行なっている。しかし、米国の対シリア政策は袋小路に迷い込んでいる。

他方、ロシアはISの撲滅よりもアサド政権を支援することを狙いに、反アサド勢力の駆逐を目的として本格的な軍事介入を行なっている。しかし、エジプト・シナイ半島上空におけるロシア航空機の爆破事件や、トルコ戦闘機によるロシア軍機の撃墜など、対シリア作戦の行方は安閑《あんかん》とはいえない。

このように対シリア政策をめぐり米・ロがそれぞれの思惑で動き、ともに明確な終結地点がみえないなか、中国のスタンスはどうであろうか？

中国は「シリア問題は政治的に解決すべきである」「暴力的手段に道はない」「国際社会の人道主義支援を強化し、同時に国際テロ協力を強化する」（二〇一五年一一月二〇日、洪《こう》磊《らい》・報道官）と主張している。すなわち、「隔岸観火」を決め込んでいる。

この背景には、中国は中東地域における米・ロの影響力増大は望んでいないが、国内にイスラムという共通項を持つ新疆ウイグル族を抱えるという特有の事情がある。中国は、「ISを過度に刺激すれば国内問題への対応が複雑化する」「IS対応に払う労力よりも新疆ウイグル対処のほうを重視すべき」と、戦略的に判断しているとみられる。

二〇一五年一一月一三日のパリ同時多発テロ事件後の一五～一六日にトルコで開催されたG20では、中国の王毅《おうき》・外交部長（外務大臣）は「反テロでのダブルスタンダードを持つべきでない」「中国国内のテロも重視すべき」だと主張した。

そして王外交部長は「国外の過激派組織が直接指揮する襲撃が中国国内で増加している」として、国際社会の目を新疆ウイグルの実情に注目させようとした。

このように中国は自らが〝火の粉〟をかぶる可能性がある事項や、自らの国益に反する事項に対しては「隔岸観火」を決め込む傾向にある。逆に新疆ウイグルなどの国内問題に対しては、外国報道機関や人権団体の活動を厳しく規制し、事件に対する一方的な中国側の発表を国外宣伝して、これを根拠に弾圧強化などの〝免罪符〟を得ようとするのである。

サウジとイランの対立にも「隔岸観火」を決め込む

ところで、中東ではＩＳの活動のみならず、サウジアラビアとイランの国交断絶という激震級の事態が発生した。早速、イスラム教スンニ派が大多数を占めるバーレーンやスーダンがサウジアラビアに味方し、イランとの国交断絶を発表した。

他方、イランはイスラム教シーア派の盟主として、イラクおよびシリアとの連携強化を模索していく方向にある。そうなれば、中東は〝第五次中東戦争〟へ突入する危険があるといっても過言ではない。

米・ロは中東における事態が拡大しないよう両国に対して自制を促している。仮にイランを孤立させるようなことにでもなれば、米国が長年努力してきたイランの核放棄に向けた外交努力は水泡に帰し、さらにはイランが北朝鮮と結びつき、北朝鮮の核が中東に流出し、地域情勢を不安定化するという〝悪の連鎖〟が生じる危険性さえある。

中国はこれまで石油大国であるサウジアラビア、イランの両国に対し、ともに良好な関係を築くようバランス外交に留意してきた。今回の対立においても、早速、両国に訪問し、「調停役」の役割をアピールするものの、やっかいな事態にならないように、いずれの一方にも加担することなく、基本的には「隔岸観火」を決め込むであろう。

中東は習政権が目指す「一帯一路」の大動脈にあたり、同地域の政情不安定は他人事ではない。しかし、この地域に対しては、中国は米・ロほどに影響力を有していない。よって米・ロの動向を「隔岸観火」し、「漁夫の利」を得るのが基本戦略であろう。

中国の対北朝鮮政策も「隔岸観火」

二〇一六年一月六日、北朝鮮が核実験を実施した。さらに北朝鮮は二月七日、人工衛星と称する、事実上の長距離弾道ミサイルを発射した。さらに新型中距離弾道ミサイル「ムスダン」、潜水艦発射ミサイルの射撃など、北朝鮮による挑発行為はやまない。

北朝鮮の核実験に対し中国は、同日の声明で「核実験に断固として反対する」と強く反発する声明を出した。しかし、その一方で、米国が一月一〇日、B‐52戦略爆撃機を南北境界線に近い烏山《オサン》の空軍基地上空を飛行させたことに対して、中国外務省の洪磊・報道官は、一一日の記者会見で「北東アジアの平和と安定を守ることは各国の共同の利益に合致する。各国は慎重に対応し、情勢の緊張を高めるのを避けることを希望する」と述べ、米国に自重を促した。

北朝鮮のミサイル実験や核実験に対して、中国は最近、「国連安保理決議を粛々と履行する」などの姿勢を保持している。しかし、これは中国の権益が世界規模に拡大している状況で、「責任大国」としての自らの立場を対外的に誇張することに大きな狙いがある。

中国は、①朝鮮半島が不安定化して難民が中国国内に流入する、②北朝鮮における自らの経済利益が喪失する、③北朝鮮が崩壊して米国に対する安全保障上のバァファー（緩衝地帯）が失われる、④核実験による放射能が国内に飛散する、などを懸念している。そのため北朝鮮を過度に追い込み、暴発させないため、米・韓に必要以上に協調することは回避してきた。

この点に関しては過去の事例が参考となろう。二〇一〇年、韓国艦艇「天安」の爆破事件が生起した。これは九分九厘、北朝鮮の仕業だと推量され、韓国は米国と連携して激しく北朝鮮を批判した。同時に、両国は中国に対しても、北朝鮮に圧力をかけ、こうした無法行動を抑制するよう促した。

しかし、中国は「この事件が北朝鮮の仕業とは断定できない。関係国には冷静さと自制を要望する」「六者会合を通じた対話が唯一の解決策であり、北朝鮮を過度に刺激すべきではない」との「隔岸観火」を決め込んだのである。

中国との舌戦に負けてはならない！

核実験をはじめとする北朝鮮の挑発行為に対し、中国は国連の求めに応じて制裁決議に同意した。しかし日・米の期待どおりの役割を果たすのかは疑問である。

わが国は独自に「拉致問題」の解決と、安保理非常任理事国として北朝鮮の非核化という難しい課題に向き合うことになる。わが国が中国と連携して北朝鮮問題に取り組もうとすると、そこに中国兵法の〝落とし穴〟が待ち受けている。

中国は北朝鮮問題が注目を浴びている最中でも海洋に対する進出をゆるめることはない。二〇一六年一月一二日には、北朝鮮の核実験に世界が注目しているなか、武装した法執行船がわが国の領海を侵犯した。

中谷・防衛大臣は同日、「尖閣諸島周辺などで中国の軍艦がわが国の領海に侵入した場合には、海上自衛隊の艦船が対処にあたる可能性がある」との認識を示した。これに対し中国外務省は、「東シナ海の緊張状態がエスカレートするのをみたくない」と不快感を示したうえで「対話と協議を通じて問題を解決していきたい」と述べた。

中国は、こうしたわが国の対応をとらえ、「日本は北朝鮮問題ばかりか、東シナ海でも〝力による現状変更〟を追求している」と国際宣伝して、自らの批判をそのまま日本に着せ、中国はあたかも「平和愛好家」であるかのような国際世論の醸成を狙ってくる可能性がある。

わが国は、北朝鮮問題での中国の積極姿勢を促すばかりに、南シナ海および東シナ海における中国による進出への警戒をゆるめてはならないし、中国の舌戦に負けてはならないのである。

第十計 笑裏蔵刀（しょうりぞうとう）微笑み戦術で相手の警戒心を解く

「笑裏蔵刀《しょうりぞうとう》」は「笑いの裏に刀を蔵《かく》す」と読む。この計略は、文字どおり表向きは温和で友好的な態度で接するが、心の奥底には邪険な企みを持っており、相手が警戒心を解いたところをついて、一気呵成に攻めるというものである。同意語に「口密腹剣《こうみつふくけん》」がある。

この計略は、しばしば〝平和愛好家〟や〝友好家〟のように装い、大衆の立場から大衆を持ち上げ、大衆を魅了するが、その真の狙いは大衆の支持を得て自らの立場や権力を強化して本来の目的を達成することにある。成功の暁には大衆のことなどどうでもよい。

この計略はいわば「微笑み戦術」である。ちなみにわが国では、「微笑み戦術」は某政党の党勢拡大戦術として注目されてきた。

「義府は笑中に刀あり」

唐の則天武后の時代にさかのぼる。李義府《りぎふ》（六一四～六六六年）という政治家がいた。彼は人と話をするときには常に笑顔を絶やさない。しかし、宰相に抜擢されたとたん、自分に逆らう者は容赦なく斬り捨てた。

このことから「義府は笑中に刀あり」と恐れられた。彼の笑顔のなかに恐るべき権謀術数が秘められていたが、やがて彼は政界仲間の憎しみを買って失脚した。

「笑裏蔵刀」の計を用いた「平和的発展」

中国の外交戦略をみるうえでの最近の重要なキーワードが「平和的発展」（和平発展）である。これは胡錦濤・総書記が二〇〇三年に提起した国の近代化の基本理念である。当初は「平和的台頭」（和平崛起《わへいくっき》）と呼称された。

その内容は「中国は現在も将来も覇権を唱えず、外国の脅威にはならない。善隣外交を軸に周辺国と友好協力条約を締結し、平和的な環境のなかで経済的繁栄を実現し、これをもって世界平和に貢献する」というものである。

胡は「平和的台頭」を掲げた際、「中国が他国を犠牲にして台頭（崛起）することはない。他国の邪魔をすることも他国の脅威になることもない」と述べ、「平和国家」としての中国をアピールした。

この「平和的発展」戦略は、しばしば相手側に対する戦略的牽制として用いられる。すなわち「自分も平和を指向しているのだから、お前もそれにならえ」との強要である。たとえば、中国はわが国に対して、「日本側が歴史上の侵略の犯罪行為を深く反省し、『平和的発展』の道を歩むことを望む」との文脈で用いている。

中国脅威論の払拭を図る「平和的発展」戦略

胡錦濤は「平和的発展」戦略を掲げる一方で軍事力の近代化と海洋進出にも余念がなかった。胡政権下の約一〇年間で国防費は四倍以上に膨張し、南シナ海や東シナ海では強引な海洋進出が展開された。

こうしたなか、二〇一〇年三月に訪中したスタインバーグ米国務副長官に対して、中国高官（後述の戴秉国《たいへいこく》とされる）が「南シナ海は中国の『核心的利益』である」と述べた。これにより中国脅威論が一挙に高まった。

これに対し、中国は「南シナ海を核心的利益とは言っていない」と、その打ち消しに躍起になり、「核心的利益」についての定義づけを開始した。外交担当の国務委員（副総理クラス）である戴秉国が、まず二〇一〇年末に論文を発表し、中国の「核心的利益」を定義し、これを踏襲したかたちで、二〇一一年一一月、国務院新聞弁公室が『平和的発展白書』を発表した（六年ぶりの「平和的発展」白書の発表）。同白書で「核心的利益」は、①国家主権、②国家安全、③領土の完全性、④国家統一、⑤中国憲法によって確立した国家政治制度と社会全般の安定、⑥経済社会の持続可能な発展の基本的保障の六項目に整理された。

中国は共産党機関紙『人民日報』で「国際社会は白書に強い関心を寄せ、中国が『平和的発展』の道によって世界の平和をもたらすことができると積極的に評価している」と自画自賛した。

「南シナ海は中国の核心的利益である」との発言により、中国脅威論が予想以上に噴出したため、中国は「核心的利益」を定義し、「平和国家としての中国」を強調することで、拡大する中国脅威論を収束させようとしたのであろう。

しかし、その後の中国による南シナ海での海洋進出はやむばかりか、いっそう活発となり、やがて人工島の建設が着々と進展したのは周知のとおりである。

まさに、「微笑み戦術」たる「笑裏蔵刀」の計を用いたのである。

習近平政権に引き継がれる「平和的発展」戦略

二〇一三年三月、全国人民代表大会で国家主席に就任した習近平は、国連事務総長に対して「揺らぐことなく『平和的発展』の道を進む」と強調した。

その一方で習は、「海洋権益を断固と守り、海洋強国を建設する」ことを宣言し、国家海洋委員会の新設と国家海洋局の改編という二つの組織改編を進めることを表明した（23頁参照）。

二〇一五年五月二六日、中国は『中国の軍事戦略』白書を発表した。同白書では、「新情勢のもとで積極的防御という軍事戦略方針を徹底し、国防と軍隊の近代化を推進し、国家の主権、安全、発展の利益を断固として擁護する」ことなどが謳われ、とくに「海上の軍事闘争への備え」という文言が注目された。

『中国の軍事戦略』白書が「海上の軍事闘争と軍事闘争への備えを最優先する」ことを際立たせたことに対し、菅義偉《すがよしひで》・内閣官房長官は「いかなることがあっても武力の使用は避けなければならない。日本は戦後七〇年平和国家として世界から高い評価を受けてきた」と発言し、中国を牽制した。

これに対し、五月二七日の定例記者会見で華春瑩・外交部報道官は、「中国は『平和的発展』路線を堅持し、防御的な国防政策を遂行している」として、逆牽制するとともに、「歴史の教訓は、国家の安全に必要で経済の発展水準に見合った国防力を建設し、絶対にいかなる国家でも中国の主権と領土の完全性を侵犯することは許さない」とわが国を脅迫した。

このように、習近平は胡錦濤政権の「平和的発展」戦略を踏襲して「平和国家としての中国」をアピールしているが、その実態は、軍事力を背景とする海洋進出のますます活発化であって、それが尖閣などに対する攻勢というかたちで顕在化している。

「平和的発展」のレトリックを用いる日中メディア

二〇一五年九月三日、習近平は「抗日戦争勝利七〇周年」の記念式典を挙行し、兵士一万二千名による大規模な軍事パレードと最新兵器の披露を国内外に向けて演出した。この際、習は「平和的発展を目指す」「国連憲章を核心とする国際秩序を守っていくべき」という中国の「平和国家」との地位をアピールしつつ、「人民解放軍兵力を三〇万人削減する」と発言した。

中国国防部の楊宇軍《ようぅぐん》・報道官は「抗日戦争勝利七〇周年」のプレスブリーフィングで、「習主席が今回の大会で三〇万人の兵力削減を宣言したことで『世界各国と共に平和を守り、共に発展を図り、共に繁栄を享受する』との中国の誠意と願いが十分にはっきりと示された。また、国際的な軍備抑制・軍縮を推進するとの中国の積極的な責任ある姿勢が示された」と述べ、「平和的発展」の言及と兵力削減をリンクさせた。

こうした中国の動向に対し『朝日新聞』は、「覇権を唱えず」との見出しで、「抗日戦争勝利七〇周年」の関連記事を掲載した。この記事は、筆者には「中国が平和路線をまい進している」かのように世論を誘導する一方で、わが国の「安保関連法」反対動向に利する狙いが感じられた。

二〇一五年一〇月一四日、鳩山由起夫・元総理は中国天津市で開かれた国際会議において、習が表明した「兵力三〇万人削減」を取り上げ、「たいへん称賛されるべきで、近隣諸国もこれに従おう」と講演した。

しかし、兵力削減は軍の精強化を目的とする軍改革の一環として行なわれるものであって、中国が喧伝するような軍備抑制・軍縮の一環などでは決してない。

中国の「笑裏蔵刀」に惑わされてはならない！

わが国を取り巻くさまざまな領域で、中国による「笑裏蔵刀」の計略が跋扈し、それを礼賛する一部マスコミの報道により、真実が見えにくくなっている。

まずは、中国の「平和」「友好」などの美名に決して惑わされることなく、冷静かつ複眼的な視点から中国の真実の意図を解明する努力を継続する必要がある。その一つの視座が中国兵法であることは言うまでもない。

第十一計　李代桃僵（りだいとうきょう）一時的に損して得をとる

「李代桃僵《りだいとうきょう》」は「李《すもも》が桃の代わりに僵《たお》れる」と読む。「桃よりも質が劣る李が、桃のために倒れる」ことを喩《たと》えに、負け戦を捨てて大局の勝利を得る、損害を受けざるを得ないときに不要な部分を犠牲にして、全体の被害を少なくしつつ勝利を得るという計略である。

一時的な損には目をつぶって、将来の大きな利益を得ようとする「損して得とれ」（本来は、損して徳とれ）とほぼ同意義である。

不祥事などが発覚したとき、下位の者に責任をかぶせて、上の者が責任の追及を逃れることを「トカゲの尻尾切り」というが、これも一種の「李代桃僵」である。

二勝一敗で競馬に勝利

戦国時代の中国では皇族や将軍たちは賽馬《さいま》（競馬）に熱中していた。名高い軍師である孫臏《そんぴん》が斉《せい》の田忌《でんき》将軍に仕えていた時、斉の威王《いおう》の開催する競馬大会においてこの計略を用いた。

孫臏は田忌に対して、威王が持つ、速度が上・中・下の馬に対し、孫臏の馬を下・上・中の順番で当てるように献策した。威王の最も早い馬にはどの馬を当てても勝てないため一番遅い馬を当てて負け、中位の馬には最も早い馬で確実に勝利し、中位の馬で威王の最も遅い馬に勝った。その結果、全体では二勝一敗で勝利した。

つまり孫臏の最も遅い馬を犠牲にすることで全体として勝利したわけである。以後、田忌が孫臏の知略を信頼するようになったのは言うまでもない。

このように中国兵法では、当て馬を用いて大局的な勝利を得ることが重視されたのである。

指導部人事をめぐる派閥闘争

中国共産党の内部が混乱し、権力・派閥闘争が繰り広げられるようでは政権内部の安定はないし、国家や社会の安定も望むことはできない。したがって、中国共産党は政権内部の安定保持をとくに重視している。

中国共産党は、八千万人以上の通常党員の上に共産党全国代表大会（党大会と略称）参加者、中央委員および同候補、党中央政治局委員および同候補、党中央政治局常務委員が位置するピラミッド構造になっている。

国家の重要事項は七人の政治局常務委員および政治局委員（トップ七人を含むトップ二五

中国共産党のヒエラルキー（2012年党大会）

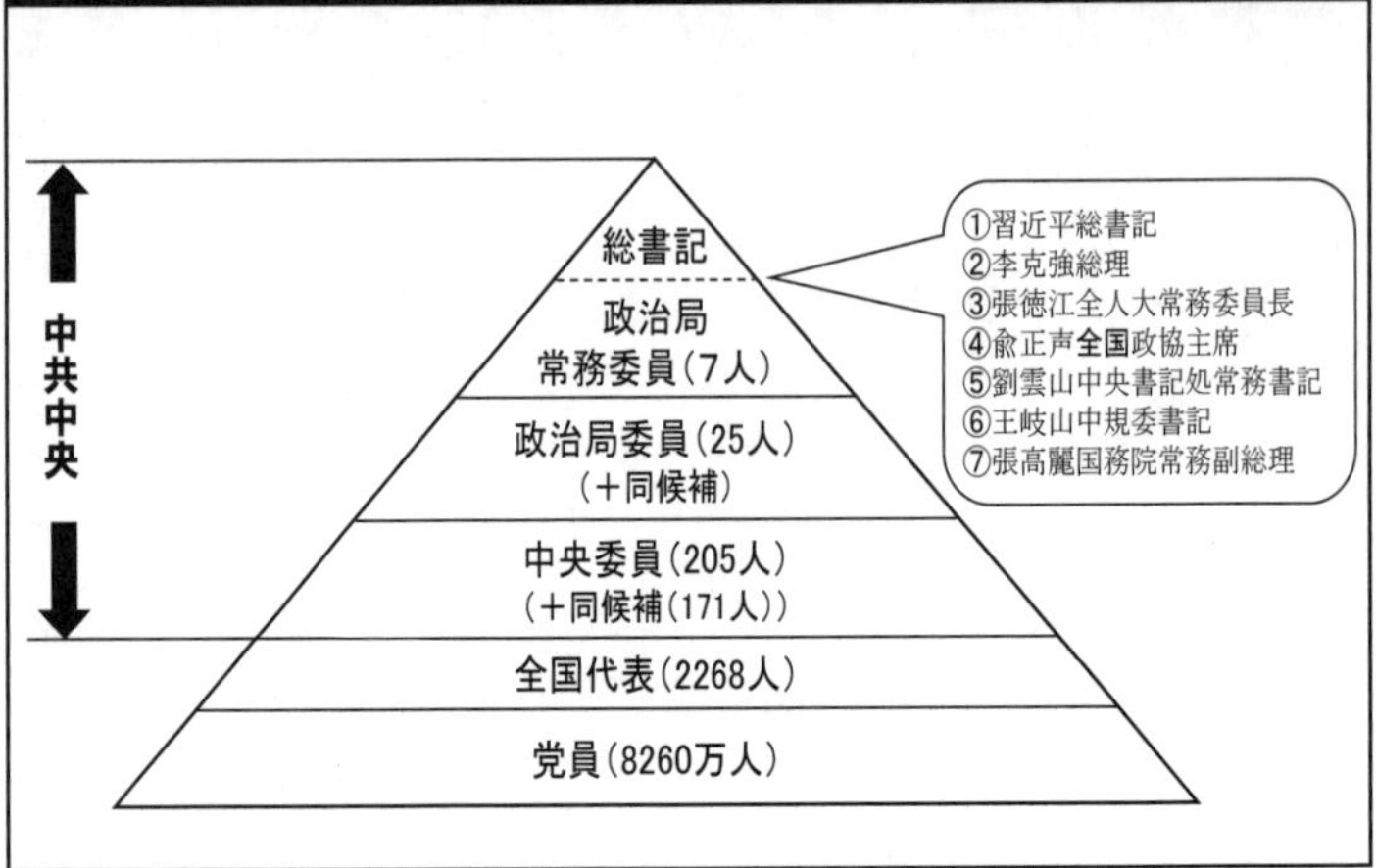

人）によって決定される。これらのトップが総書記であり、総書記は国家主席や中央軍事委員会主席を兼務する。つまり一人の国家最高指導者が党、政府、軍を一元的に指揮している。現在は習近平がこのポストに就いている。

では、この国家指導体制を構成する要員はいかにして選出されるのであろうか？

まず五年に一回、一般（ヒラ）党員の代表者約二千人（形式上は選挙で選出）が党大会に参集され、約一週間の会議のなかで党中央委員（約二百人）と同候補が選出される。

次に党大会直後、選出された中央委員によって第一回の中央委員会全体会議（中央委員会は党大会の任期五年間に七回開催され、○期○中全会と略称）を開催し、この一中全会で総書記、政治局常務委員、政治局委員などを選出する。

二〇一二年一一月の第一八期一中全会では、習近平が総書記に選出され、習のほか李克強《りこくきょう》ら七人が政治局常務委員に、彼らを含む計二五人が政治局委員に選出された。

中国では指導部人事をめぐって、毎回のように熾烈な権力闘争が繰り広げられてきた。この理由は中国の独特の選出過程と党内派閥の存在にある。

共産党の一党独裁体制下にある中国では、党・国家指導者は民主選挙で選出されるのではない。形式上は前述のとおり、党大会が中央委員を選出し、中央委員が政治局常務委員などを選出するという「ボトムアップ方式」である。しかし実態は、前期の政治局常務委員や党長老らによる〝談合〟で、党総書記以下の政治局常務委員と、それに連なる政治局委員および中央委員などが「トップダウン方式」で選出されるといった形式に近い。

また、中央委員以上の党指導部層は一枚岩ではない。現在は「共産主義青年団派（団派）」、「江沢民派・上海閥」、そして新たに形成された「太子党・習近平派」などの政治派閥が存在しているといわれている。

江沢民の権力闘争を支えた曹慶紅

一九八九年の天安門事件発生時、江沢民は上海市党委書記であった。上海市には天安門事件の影響は及ばず、そのときの政治手腕が鄧小平から高く評価され、江は同事件後に急きょ総書記に抜擢された。

したがって、江の権力基盤は脆弱であり、軍長老や「北京派閥」などからその地位を脅かされていた。そこで、江は軍長老や「北京派閥」の排除に乗り出した。

当時の「北京派閥」の大物は陳希同《ちんきどう》（一九三〇〜二〇一三年）であった。陳は一九九二年一〇月の第一四回党大会で政治局委員に昇任、同年一二月に北京市党委書記に就任し、「北京独立王国の建設を進めている」とまで噂されるほどの影響力を誇示していた。

ところが陳は一九九五年に汚職嫌疑で摘発。同年九月に政治局委員などから解任、九七年には党籍までも剥奪された。陳の表向きの罪状は汚職・職務怠慢であったが、実態は、江が自らの権力を脅かす陳を粛清したとみられている。

江の権力闘争を支えたのが曹慶紅《そうけいこう》（一九三七年七月〜）であった。曹は両親が共産党高官（その子弟を太子党という）であり、優良な血筋を背景に石油関係の国有企業を後ろ盾として上海市の党幹部へと順調に出世した。天安門事件当時、曹は江の直属の部下として上海市の政治安定に大きな貢献を果たした。

江は総書記に就任すると直ちに曹を北京に呼び寄せ、党中央弁公庁副主任に任命し、党務の重責を彼に託した。曹は江の右腕として頭角を現し、一九九三年に党中央弁公庁主任、すなわち総書記である江の秘書として幹部人事に影響力を行使した。そして江の政治ライバルである軍長老や陳希同らの失脚を演出する一方、江の息のかかった「上海閥」を次々に昇進させた。

曹自身も一九九七年に党中央政治局委員候補（党中央組織部長）に、二〇〇二年秋に政治局常務委員（中央書記処常務書記、中央党校校長）に昇進した。

胡錦濤総書記就任にともなう権力闘争

江沢民のあとを継いだ胡錦濤は普通の家庭に生まれた。一九六四年に清華大学在学中（二一歳）に共産党に入党した。卒業後は政治指導員として大学に残り、八〇年に共青団の甘粛省委員会書記に就任、八二年一二月に共青団中央書記処書記に就任した。八四年に共青団中央書記処第一書記に昇任し、八五年七月に貴州省党委書記に抜擢された。

一九八九年の天安門事件ではチベット自治区党委書記として、天安門事件に先立ち、ラサ全市に戒厳令を敷いた。このことが鄧小平や陳雲らの長老に高く評価され、胡は一九九二年に党中央政治局常務委員に大抜擢された。すなわち、鄧が「ポスト江沢民は胡錦濤である」ことを決定したのである。

胡の経歴は共青団と経済発展が遅れた地方での勤務が特徴である。これは、太子党であり上海、北京の大都市で勤務した曹とは真逆な政治キャリアを歩んだということになる。

二〇〇二年の第一六回党大会で江沢民から胡錦濤に総書記が継承され、江はヒラ党員になったが、軍最高位である中央軍事委員会主席には留任した。

この際、曹慶紅は中央委員から政治局委員を飛び越えて政治局常務委員に就任（二階級特進）した。二〇〇三年三月、江が国家主席を胡に譲ると、曹は国家副主席に就任した。

この異例ともいえる二階級特進は曹を通じて中央政界に権力を保持しようとする江の圧力行使だったとの指摘もある。胡が最高指導者になるのは鄧小平による指名であるので、江としてもこれには逆らえない。そこで曹を国家副主席として就任させて、ある種の〝院政〟を目論んだというわけだ。

「上海閥」は〝李〟を切ることで〝桃〟を守った

二〇〇六年に「上海閥」の大物である陳良宇《ちんりょうう》・上海党委書記が汚職・腐敗の罪状で失脚した。これは胡錦濤が自らの権力基盤を強化するうえで「上海閥」の大物である陳を派閥闘争の一環で排除したとされる。江沢民が「北京派閥」の陳希同を排除したことと同じ論理である。

この頃、曽慶紅は江沢民とやや距離を置くようになり、曽は胡に協力したといわれている。「上海閥」のボスである江は激怒したものの、しぶしぶ陳良宇の失脚を了承したとされる。

その一方、胡錦濤も犠牲を払った。胡は当時、「団派」の李克強（現在の国務院総理）を

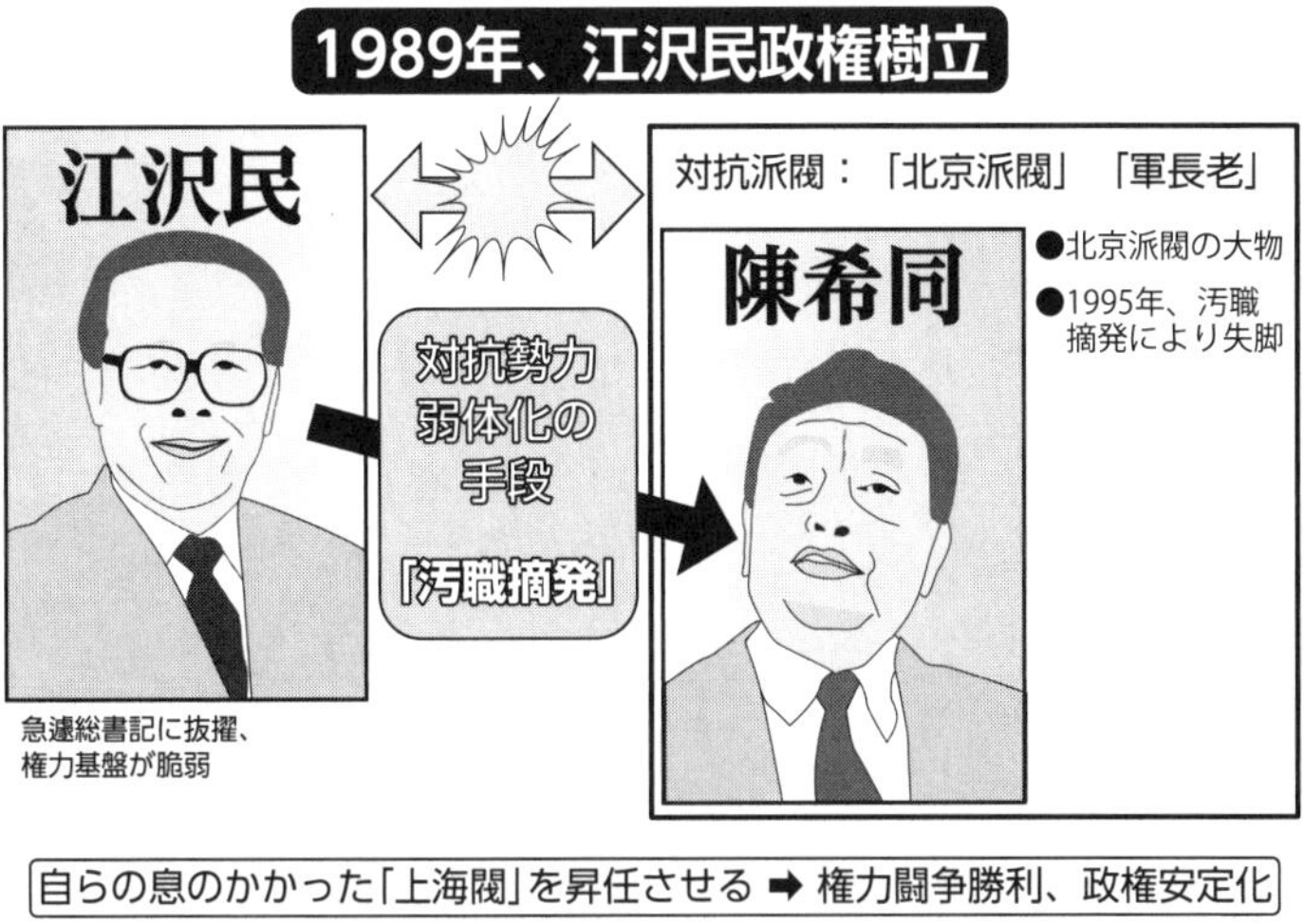
1989年、江沢民政権樹立
江沢民
急遽総書記に抜擢、
権力基盤が脆弱
対抗勢力
弱体化の
手段
「汚職摘発」
対抗派閥：「北京派閥」「軍長老」
陳希同
●北京派閥の大物
●1995年、汚職
摘発により失脚
自らの息のかかった「上海閥」を昇任させる ➡ 権力闘争勝利、政権安定化

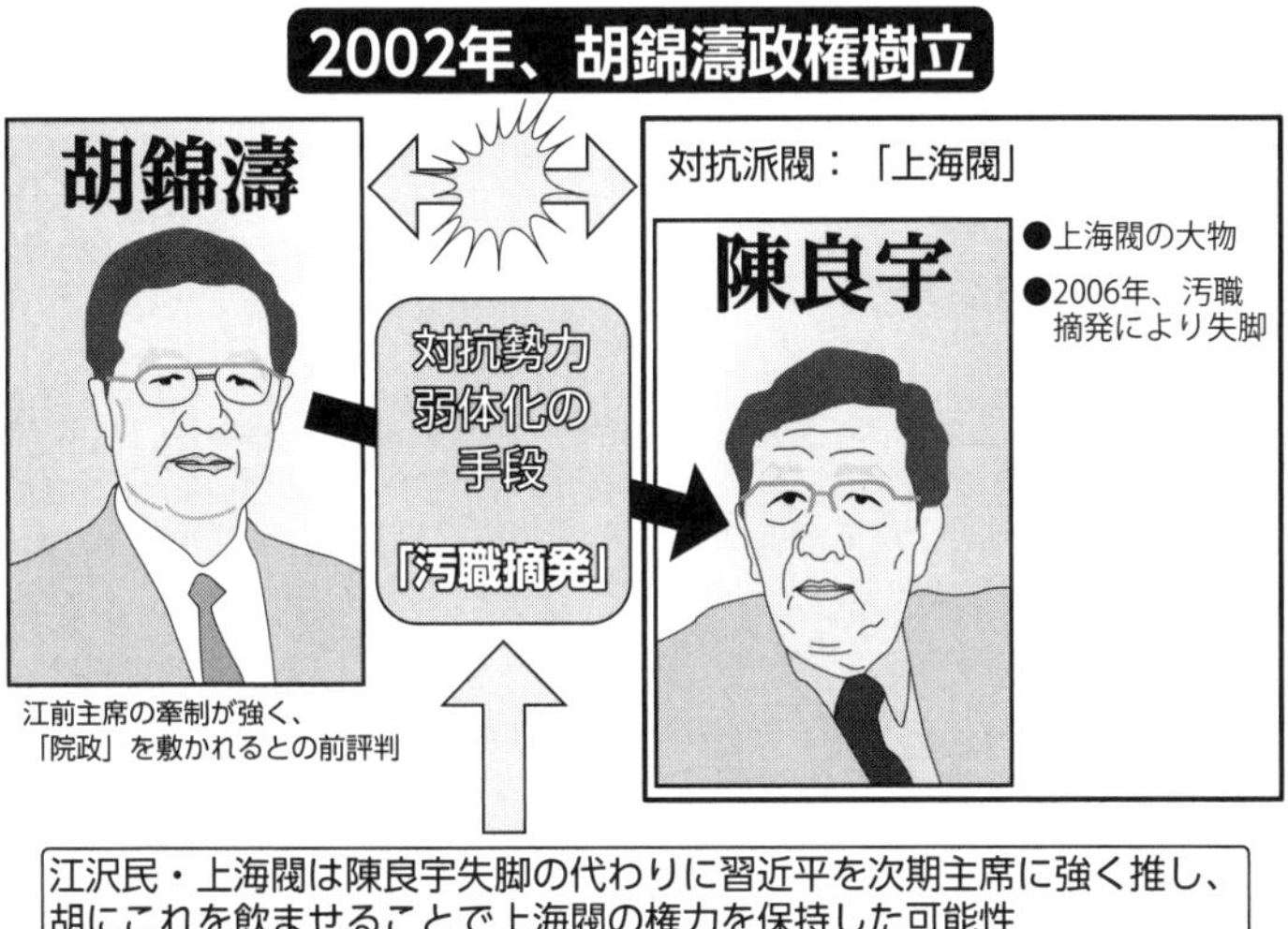
2002年、胡錦濤政権樹立
胡錦濤
江前主席の牽制が強く、
「院政」を敷かれるとの前評判
対抗勢力
弱体化の
手段
「汚職摘発」
対抗派閥：「上海閥」
陳良宇
●上海閥の大物
●2006年、汚職
摘発により失脚
江沢民・上海閥は陳良宇失脚の代わりに習近平を次期主席に強く推し、
胡にこれを飲ませることで上海閥の権力を保持した可能性

自らの後継者にしようと目論んでいた。

二〇〇七年の第一七回党大会において李は政治局常務委員に順当に昇格した。しかし、それまでダークホースですらなかった習近平が二階級特進して政治局常務委員に選出され、李は習の後塵を拝した。政治局常務委員の序列では習が六位、李が七位となり、習は党務を担当する党中央書記処の筆頭書記に選出された。

二〇〇八年三月、習は国家副主席に就任し、将来の総書記、すなわち「国家最高指導者は習で決まり」という流れが形成された。

習近平が大抜擢された背景には、江沢民と曽慶紅による強い後押しがあった。すなわち彼らは陳良宇の失脚を受け入れる代わりに、習を押し上げることで自らの権力基盤の保持を企図した可能性がある。

とくに曽は自らの政治局常務委員の辞職（第一七回党大会で辞職）と引き換えに、習の政治局常務委員入りを強力に推したとの見方がなされている。

「上海閥」全体としては、引退が噂されていた李長春《りちょうしゅん》や賈慶林《かけいりん》を政治局常務委員として留任させ、周永康《しゅうえいこう》の政治局常務委員入りも果たした。かくして政治局常務委員会九名の構成は、胡錦濤、温家宝および李克強の三人を除いた六人すべてが「江沢民派・上海閥」となった。

つまり、陳良宇という〝李《すもも》〟を切ることで「江沢民派・上海閥」という〝桃〟を守ったとの見方ができよう。

「団派」も一時的な損を覚悟で将来の得を狙う

二〇一二年の第一八回党大会では、習近平と李克強以外の政治局常務委員七人が退任し、新たに五人が選出され、構成は九人から七人になった。その内訳は、習近平と王岐山《おうきざん》が「習近平派・太子党」、李克強が「団派」、張徳江《ちょうとくこう》以下四人は「江沢民派・上海閥」に属するとみられている。

第一八回党大会で「政治局常務委員に昇格する」として前評判の高かった「団派」の李源潮《りげんちょう》と汪洋《おうよう》はともに昇格せず、政治局委員に留まった。ただし、李は政治局委員でありながらも国家副主席に就任した。これは異例である。

汪も国務副総理に就任して中央政界に復帰し（前職は広東省書記）、また「団派」のホープ胡春華《こしゅんか》が四九歳という最年少で政治局委員に昇格した。

二〇一七年の第一九回党大会では習と李克強以外は全員が政治局常務委員を定年退職することになる（選出時に六八歳以上は定年退職）。その際、「団派」である李源潮と汪洋が政治局常務委員に昇格する可能性は高い。胡春華も政治局常務委員に昇格し、将来の国家最高指導者の有力候補となろう。

つまり、第一八回党大会において、胡錦濤が率いる「団派」は李源潮と汪洋の政治局常務委員入りを無理強いせず、張徳江らの長老に〝花〟を持たせたのである。一方で、将来のポスト習近平体制を見据えて、胡春華を国家最高指導者とする道を確保し、それを李克強、李源潮、汪洋らが支える体制を模索したとみられる。

まさに、一時的な損を覚悟して、将来の得を狙った「李代桃僵」の策が発動された可能性がある。

習近平の権力基盤固めと将来人事

将来の国家最高指導部人事をめぐる駆け引きはこれからである。現在、習は自らの権力基盤を固めるために、「江沢民派・上海閥」や「団派」の権力伸張を牽制する闘争を仕掛けているとされる。

江沢民派の軍人高官であった徐才厚《じょさいこう》や郭伯雄《かくはくゆう》、胡錦濤氏の腹心とされた「団派」大物の令《れい》計画《けいかく》（元政治局委員）などの失脚の背後に、権力闘争の陰がまったくなかったとはいえない。

二〇一五年九月の「抗日戦争勝利七〇年」の記念式典に江沢民と胡錦濤が参列するか否かが注目されていたが、両人とも揃って参列した。豪腕とされる習といえども、歴代の国家最高指導者に直接対決を挑む力はない。習としては両人につらなる勢力の失脚と「習近平派」の登用を段階的に画策したいところであろう。逆に江沢民と胡錦濤は「トカゲの尻尾切り」で自派閥の勢力保持を狙う可能性がある。

胡春華が次期国家最高指導者になるかどうかも未定だ。第一八回党大会では「習近平派」に属するとされる孫政才《そんせいさい》が胡春華と同じ四九歳という最年少で政治局委員入りを果たした。おそらく彼も、第一九回党大会で政治局常務委員会入りし、二〇二二年の第二〇回党大会での総書記選出を競うことになろう。「団派」の周強《しゅうきょう》、「習近平派」の陸昊《りくこう》（ただし現在、労働者の賃金未払いデモの影響で黄信号が点滅）らの人事についても要注目である。

権力闘争がもたらす対外強硬策に注意せよ！

中国においては権力闘争に勝利するためには強硬な対外政策が不可欠である。したがって、中国指導部人事における権力闘争が対日政策にいかなる波紋をもたらすのかという視点を忘れてはならない。

また、中国共産党が「一時的な損を覚悟して、将来的な得をとる『李代桃僵』を駆使するしたたかな組織である」とみるならば、尖閣諸島問題の一時的な棚上げや、東シナ海のガス田の共同開発などを画策することは、極めて当然のことといえよう。

第十二計　順手牽羊（じゅんしゅけんよう）わずかな隙をついて我が物にする

「順手牽羊《じゅんしゅけんよう》」は「手に順《したが》いて羊を牽《ひ》く」と読む。本計略は、敵のちょっとした不手際や隙をとらえて、自軍の小さな勝利に結びつけることを主眼とする。

第五計「趁火打劫《ちんかだきょう》」が敵の危機的状況につけ入るのに対し、「順手牽羊」は敵のちょっとした隙を見逃さず、わずかな利益でも確実に手に入れることを狙いとする。そのため、本計略は準備の周到と継続的な敵情観察が必要となる。

本計略は、貧しい旅人が、片田舎で羊の群れに出くわした民話に由来している。旅人が、ある羊の群れの脇を通り過ぎようとしていたとき、羊飼いがなにかに気をとられていることに気づいた。そこで旅人は、この隙を見逃さず、こっそりと群れの中から一頭の羊を捕まえて、あたかも〝なにごともなかった〟かのように、その場から立ち去った。つまり、この旅人は、羊飼いの注意散漫なことを好機としてとらえ、機に乗じてまんまと羊を盗んだのである。

過去にも好機を捉えて領土を拡張

中国はこれまで、好機をとらえては自国領土を拡張してきた。

その一例が一九六二年一一月の中印国境紛争である。中国は一九五〇年、チベット侵攻以後、対インド国境の陸軍兵力を着々と増強した。他方、政治的には周恩来・国務院総理が一九五四年にネール首相との間で「平和五原則」を締結していたためインドの対中警戒心は薄らいでいた。

つまり、中国は周到な軍事的準備を整え、インド側の隙をついて先制攻撃を行ない、国境線をインド側に押し進めることに成功した。

この時期、世界的にはキューバ危機が生起していた。各国はあわや「米ソによる第三次世界大戦が勃発するのではないか」と、関心をその一点に集めており、中印関係には誰も関心がなかった。

中国はこうした世界の無関心という〝隙〟に乗じて、インドに先制攻撃を仕掛けた。すなわち、計算しつくされた「順手牽羊」の発動といえる。

南シナ海における中国領域拡大の手口

中国は現在、南シナ海において海洋進出を強硬に進めている。

中国は「九段線」（そのかたちから「赤い舌」とも呼ばれる）を提示し、その内側は中国の「海洋国土」であると主張している。「九段線」は南シナ海のほぼ全海域にかかっているので、「南シナ海を自らの海洋国土だ」と言っているようなものである。

中国による海洋における支配権拡大のパターンは、①領有権を主張する、②領有権の主張を国際法および国内法によって補強する、③「海監」「漁政」などを用い、法執行機関によって海洋監視活動を常態化して領有権の既成事実を積み上げる、④海軍力により強硬奪取する、というものである。

この際、大国の撤退という隙をつくという点が、中国の戦略・戦術の特徴である。一九七三年に米国がベトナムから撤退を開始すると、中国は七四年に西沙諸島を、八四年にソ連海軍がベトナム・カムラン湾から撤退を開始すると、中国は八八年に南沙諸島のジョンソン南礁（赤瓜礁）をそれぞれベトナムから武力奪取した。九二年末に米軍がフィリピンのスービックおよびクラークの両基地から撤退すると、九五年にフィリピンからミスチーフ礁（美済礁）を武力奪取した。

このように中国は、米ソ両大国が当該海域から撤退し、領有権を争っているベトナムおよびフィリピンが強力な後ろ盾を失うという隙を見逃すことなく、自らの実効支配地域を拡大したのである。まさに「順手牽羊」の実践である。

国際的批判をかわしながら既成事実化を進める

現在、南シナ海は緊張状態にある。フィリピンおよびベトナムは、東南アジア諸国連合（ASEAN）と結束し、米国を南シナ海問題に関与させることで中国の進出を阻止しようとしている。これに対し中国は、「領土問題はあくまでも二国間問題」との原則論を標榜し、経済支援を梃子にASEAN諸国の結束を切り崩し、米国が南シナ海問題に関与しないよう、あの手この手で画策している。

南シナ海では、二〇一四年頃から、中国による岩礁の埋め立て、人工島の造成が本格化した。

これはオバマ大統領が二〇一三年九月、シリア内戦への軍事介入の見送りを表明した際、「米国は世界の警察官ではない」旨を述べ、同年一〇月五日から一二日まで予定していた東南アジア歴訪を中止し、APEC首脳会談、ASEAN首脳会談などを欠席したことが関係したのであろう。つまり、中国は米国が内向き外交に転じているとみて「順手牽羊」を発動したのである。

中国は二〇一五年八月、クアラルンプールでのASEAN外相会議に出席した王毅・外交部長（外相）が「南シナ海で進めている岩礁埋め立てを中止した」と記者団に述べた。しかし、すでに「時遅し」とばかりに、一部の人工島には三千メートル級の滑走路やレーダーが建設されており、軍事拠点としての機能が確実に整えられつつある。

二〇一五年一一月、中国は人工島での病院、海洋科学研究施設、漁業管理施設などの建設を続ける方針を表明した。軍事施設化の懸念に対しては、「海難救助などの施設は必要であるが、軍事化の問題はまったく存在しない」と強調した。一方、滑走路は「軍民共用だ」との玉虫色の回答にとどめた。

二〇一六年一月、三千メートル級の滑走路（二〇一五年九月の衛星写真で確認）を有するファイアリークロス礁（永暑礁）で、航空機を着陸させる運用テストを実施した。これに対してベトナムが抗議すると、中国は「主権の範囲内だ」と原則論で反駁する一方、着陸した航空機については「民間機であり、軍用機ではない」と中国脅威論の払拭に努めた。

二〇一六年五月、中国はこの岩礁に二万トンクラスの大型揚陸艦「崑崙山《クンルンシャン》」を接岸させ、同地に駐在する兵士や建設作業員に対する慰問を行なった。その慰問の様子が中国メディアを通じて世界に発信された。

このように、中国は巧みに国際的批判をかわしながら、米国の「航行の自由」作戦に対峙するための既成事実化を進めている。

南シナ海と同様に「順手牽羊」が発動される東シナ海

南シナ海における中国の支配圏の拡大パターンは東シナ海においても適用されている。たとえば東シナ海ガス田の開発である。これに関して、わが国の政治的空白、あるいは日米同盟の関係希薄化の〝隙〟をついて、中国はガス田開発の既成事実化を進めてきた。

中国は二〇〇四年五月から白樺（中国名、春暁）の建設工事を開始した。これに対し、わが国は、「日中中間線の中国側の鉱脈と日本側の鉱脈がつながっているため、『ストロー効果』により日本側のガスが汲み上げられる」ことを懸念し、工事中止を求めた。

二〇〇五年四月、中川昭一・経済産業大臣は、日本による試掘手続きの開始を声明し、同年七月、株式会社「帝国石油」に対して、東シナ海における試掘権を許可した。

これに対し、中国はいったん白樺の開発を中断。二〇〇八年六月、日中両政府は、①日中中間線付近にある「翌檜《あすなろ》（中国名、龍井）」周辺の共同開発、②中国がすでに開発に着手していたガス田に対する日本企業の参加、という二点で合意した。

これは中川大臣の断固たる対応が中国側の譲歩を引き出したとみられる。ただし、中国は「白樺は完全に中国の主権範囲内」であると釘をさすことに抜かりはなかった。

その後、わが国は「共同開発の合意」を実行に移すための条約締結に向けた交渉開始を再三にわたって要求した。しかし、中国はこれに応じなかった。「共同開発の合意」が、当初から中国の「持久戦法」であったのか、あるいは中国当局に対抗する一部勢力が交渉再開を牽制していたのであろう。

そうこうしているうち、中国は二〇〇九年七月に一方的に白樺ガス田の工事を再開した。これに対して、わが国が抗議したところ、中国は「維持整備を行なっている」とだけ回答し、白樺ガス田の海上施設を大幅に改善した。

実はこの頃、わが国では衆議院が解散していた。二〇〇八年九月、福田康夫・総理が辞任し、このあとを継いだ麻生太郎・総理は、名古屋市、千葉市、さいたま市の政令指定都市の市長選挙で敗北し、静岡県知事選挙でも敗北した。都議会選挙でも大幅に議席を失い、都議会第一党の座を民主党により奪われた。そこで、〇九年七月、麻生総理は衆議院を解散し、国会は空転状況となっていたのである。

中国が白樺ガス田の開発を再開したのは、まさにこの時期であった。つまり、わが国の「政治的空白」という隙をついて、白樺ガス田の開発を再開したというわけである。

日米同盟を堅持し、国民の防衛意識を高揚せよ!

現在、中国は東シナ海ガス田や尖閣諸島に対する攻勢を仕掛けている。これは、民主党政権下で「友愛の海」という非現実的な〝甘言〟が弄され、普天間基地の移設問題が二転三転していることと大きく関係している。

つまり、わが国の領土を防衛するという国民意識の低下、日米同盟の希薄化という隙をついて、中国が東シナ海に対する支配圏の拡大を試みているとみるべきである。

東シナ海は漁業資源も含めた資源エネルギーの宝庫である。南シナ海はエネルギー豊富な中東・アフリカ方面に対する海上シーレーンの要衝でもある。わが国にとって、二つの海の安全を守ることは「死活的国益」であり、中国の深謀遠慮により、二つの海の戦略図が塗り替えられようとしている事態を見過ごしてはならない。

第十三計　打草驚蛇（だそうきょうだ）「威力偵察」で相手の真意を探る

「打草驚蛇《だそうきょうだ》」は「草を打《う》って、蛇を驚かす」と読む。草むらに毒蛇がいる場合、草むらを棒で叩きながら進めば、毒蛇が驚いて逃げるか、攻撃してくるかわかり、いずれにしても安全に進むことができる。

敵などの状況を探ることを一般的に偵察（偵知）というが、通常の偵察は敵に気づかれないよう、密かに敵情を観察する。しかし、敵が厳重に防御陣地を秘匿していた場合、あるいは防御線が不明確な市街戦などにおいては、密かに観察していても、敵の防御線を解明することはできない。

そこで小規模な偽装攻撃（限定攻撃）を行ない敵の反応をみる。こちらの射撃などに対し、敵が激しく応戦すれば、そこが防御線だということになる。これを「威力偵察」というが、「打草驚蛇」とはまさしく威力偵察のことである。

もちろん「打草驚蛇」は戦闘という狭い局面にとどまらない。平時における強硬発言や強硬行動の中にも相手国政府などの真意を探る「打草驚蛇」の実践がみられる。

悪徳行政官を「打草驚蛇」により追放

唐王朝の時代にさかのぼる。常日頃から賄賂を受け取っていたある地方の行政官がいた。この行政官の汚職にうんざりしていた市民らが正式な抗議文を出すことにした。ただし、市民は告訴状を直接、行政官に手渡すのではなく、行政官の助手に提出するという方法をとった。市民らが行政官の仕返しを恐れていたのか、あるいは汚職に関与していた確証を得ていなかったのであろう。

いずれにせよ、市民らの策は奏功した。行政官（蛇）は、助手宛に告訴状が出されたのをみて、自分が失脚させられるのを恐れた。行政官はその後、二度と汚職行為を働くことはなかった。行政官は「市民は草むらを叩いただけであったが、そうすることによって、草むらに潜んでいた蛇を驚かせた」と書き残した。

注目される人民解放軍高官の強硬発言

外交戦略を構築するうえでは、敵対国や周辺国の意図を探る必要がある。そのため、これら関係諸国の政府方針などに関する公開資料を分析し、外交に影響力を有する人物に接触してその意図を探ることになる。

しかし時として、あえて強硬な発言や行動をとって、相手政府の反応や対応状況をうかがうことがある。これを「観測気球」の打ち上げというが、中国もこれを行なっていることに疑いはない。

とくに人民解放軍高官による強硬発言がたびたび繰り返されており、西側諸国はその真意を探る努力を行なっている。

従来、西側諸国は軍高官による強硬発言を党指導部と軍部との軋轢、つまり党軍関係の不正常の兆候という視点で分析してきた。

西側諸国においては、政府の指導方針から逸脱した軍人の発言は容認されず、直ちに人事処分の対象となる。しかし、中国ではこうした発言をめぐって、軍高官が重大処分を受けたという話はほとんど聞かない。まことに摩訶不思議なことである。

最近の主要な対日強硬発言を列挙してみよう。
●二〇一二年一〇月、オーストラリアで開催された豪州陸軍司令官の晩餐会で、任海泉・副院長が「第二次世界大戦の教訓を顧みない人が、戦後の国際構図に挑んでいる。人は歴史を忘れてはならず、歴史から教訓を学ぶべきだ。ファシスト国家（日本のこと?）がつけた戦火が多くの地域に燃え広がった歴史があり、ダーウィンも爆弾が落とされたじゃないか」などと述べた。

●二〇一三年一月一四日、彭光謙《ほうこうけん》少将（国家安全政策委員会副秘書長）が「日本が曳光弾を一発でも撃ったら、それは開戦の一発を意味する。中国は直ちに反撃して二発目は撃たせない」と述べた。

●二〇一三年一月一五日、羅援《らえん》少将（軍事科学学会副秘書長）が「私たちは戦争をまったく恐れていない。一衣帯水といわれる中日関係を一衣帯血にしないように日本政府に警告する」と述べた。

このほかにも「軍事衝突に備えよ」「我々はタカ派と呼ばれることに反対しない」「戦いによって、日本に失敗の末路をはっきりみせるべきだ」など、〝勇ましい発言〟のオンパレードである。（資料1参照）

軍高官による強硬発言の背景

過去に最も注目を集めたのが、二〇〇五年七月の国防大学教授の朱成虎《しゅせいこ》少将（中国建軍の父と呼ばれた朱徳《しゅとく》の孫）の発言であった。

朱は、「米国政府が台湾海峡での武力紛争に介入した場合、核攻撃も辞さない」などと発言した。

この発言は、米国を驚愕させ、「核の先制不使用を明言してきた中国の核政策が修正されたのでは？」との警戒感が一挙に高まった。これに対し、中国外交部（外務省）は「朱の発言は個人の観点であり、中国政府の立場ではない」と弁明した。

この発言に代表されるように軍高官は大胆な発言を繰り返しているが、かかる発言が特段の重大処分を受けたという話も聞かない。

その理由・背景としては以下のことが考えられる。
（1）人民解放軍は建国の功労者であり、軍人の地位が非常に高いために、軍高官は党指導部にいちいち許可を受けなくても自由に発言できる気風がある。
（2）軍高官の発言は、主権や領土などの国益擁護に関する事項であるため、国内世論が味方する。逆に党指導部が軍高官の発言を封殺・処分すれば、たちまち党指導部は国民から「弱腰」とのレッテルを貼られかねない。つまり、反日デモと同様に「愛国無罪」として、軍高官の強硬発言を容認せざるを得ない。
二〇〇九年、中国が外交方針を「韜光養晦《とうこうようかい》、有所作為《ゆうしょさくい》（能力を隠し、なすべきことをなす）」から、より積極的な「堅持韜光養晦、積極有所作為」に転換した。これ以降、軍高官は台湾、南シナ海、東シナ海における軍事活動の正当性について言及し、米国の対台湾武器売却問題、米軍艦船による東シナ海や南シナ海における情報収集活動などを、中国への「不当」な接近であるとして、激しく抗議する主張を強めている。

こうした背景・理由については以下のことが考えられる。

(1) 人民解放軍が、軍事力の増強を背景に、対外政策形成への関与を強めている。

(2) 人民解放軍が、専門家集団あるいは官僚機構として、国防予算等において優先的な扱いを受けることを目的に、強硬発言を利用して党指導部に対し圧力をかけている。

(3) 対外政策形成の新たな担い手であるネットユーザーや、対外的な拡張政策を好む軍内世論が軍高官による強硬発言を増幅させている。

強硬発言は「打草驚蛇」である

さらに興味深い見方がある。それは、党指導部が意図的に軍高官に強硬発言を行なわせ、相手側を政治的に牽制する一方、その反応を観測するというものである。

つまり、党指導部と軍部が裏で戦略・戦術的に連携し、軍高官が強硬派、または悪者を演じることで、中国全体として対外的な政治的牽制と相手側の出方を探っているのである。

同時に国内民意を推し量り、国内不満の緩和と党指導部に対する「弱腰」批判の回避を狙っている可能性がある。すなわち「打草驚蛇」の実践である。

筆者は、軍高官による強硬発言には前述のようなさまざまな要因が複雑に影響しているとみられるが、党指導部による「打草驚蛇」であるとの見方が最も的を射ていると考えている。

「打草驚蛇」によって、相手側が自制的な行動をとるならば、それは中国側の政治的牽制が奏功したことになる。

他方、相手側の反発が予想以上に激しく、中国脅威論の噴出や一触即発の事態に発展すると判断すれば、中国は前述の朱成虎少将の発言のように、「軍高官の個人的発言だ」として、相手側の矛先を収める戦略・戦術に出ることになろう。

中国が仕掛ける「打草驚蛇」に過剰反応するな!

中国によるさまざまな行動や軍高官による強硬発言が繰り返されているが、一触即発の事態を懸念し、対応行動を控えるような自制は必要ない。

わが国が自制的な行動に出れば、それはまんまと中国側の術中にはまったことになる。中国はこれを成果に、一挙に領有権確保などに向けた既成事実化を促進することになろう。

わが国が領土、領海を守るためには、中国が仕掛ける「打草驚蛇」に過剰反応しないことが肝要である。

第十四計 借屍還魂（しゃくしかんこん）利用できるものはすべて利用する

「借屍還魂《しゃくしかんこん》」は「屍《しかばね》を借りて魂を還《かえ》す」と読む。屍とは死んだ人の体である。死んだ者の名声、血筋などを利用して、自らの正統性をアピールし、それを現在の統治、政策などに活かす計略である。

転じて、捨て去られているものを再利用する、古いものや、すでに消滅しているものを復活させてふたたび活用する。長じて、利用できるものは何でも利用して、自らの意図を達成する計略と解釈される。

過去の権威を利用して愛国心を高める

秦王朝の末期にさかのぼる。項梁《こうりょう》（項羽の叔父）は項羽《こうう》（項籍ともいう）とともに楚《そ》を追われて呉《ご》に仕えていた。彼らは呉を制圧し、祖国である楚を取り戻し、楚の王位に就くことを虎視眈々とうかがっていた。

前代の楚王は全員が他界し、継承者がいなかった。項梁のライバルである一人の武将が、前代の楚王の縁戚《えんせき》にあたる子孫を見つけ出し、「その子孫が王位を継承すべき」と主張した。

項梁は賢者に相談した。賢者は「楚における権力維持を続けるためには、前代の楚王と直接の血縁関係にある者を探し出し、これを通じて間接支配することが望ましい」と説いた。つまり、亡き王の魂を呼び起こすことで民衆の愛国心を高める効果を期待したのである。

そこで、項梁は楚の全土を探し、前代の直系の孫にあたる羊飼いを見つけ出し、これに王位を継承させた。これを機に楚で反秦の気運が一挙に高まり、項梁は祖国を取り戻した。

このように、過去の権威を利用すれば、現在の国策などを無理なく有利に展開できるのである。

「鄭和の大航海」を「平和外交」に利用

現在、中国では「鄭和《ていわ》の大航海」がある種のブームとなっている。「米大陸を発見したのはコロンブスではなく、中国人の鄭和である」などの新説が現れ、これが中国国民の自尊心を高めているようだ。

鄭和（一三七一～一四三四年）は明代の武将で、永楽帝《えいらくてい》に仕え、南海への七回にわたる大航海を指揮した人物である。この大航海は一四〇五年から一四三三年までの二八年間という短い期間であったものの、その航海は東南アジア、インドを越え、アラビア半島に至り、遠くはアフリカ東海岸のマリンディ（ケニア）まで到達したとされる。

その規模は船団六〇隻以上、乗組員三万人弱であり、実際に米大陸まで航海が到達していたかどうかは不明であるが、最も大きい船である宝船《ほうせん》は、コロンブスが使用した「サンタ・マリア」号の四倍以上であった。

鄭和による大航海が行なわれた狙いとしては、①永楽帝のライバルであった建文帝が南シナ海（南海）に逃げたのでそれを追跡する、②東南アジアの諸国に対し、明の威容を示すことで冊封《さくほう》体制を確立する、③南海の特産物を入手する、④海洋貿易によって経済を再生する、⑤鄭和が色目人（イスラム）であったことからイスラムネットワークを確立する、などが挙げられているが、真の狙いが何であったのかは不明である。

鄭和はキリン、シマウマ、ライオンなどの珍獣を持ち帰ったが、特段の侵略や土地を奪取したわけでなかった。むしろ訪問地の支配者に対し、明に対する朝貢《ちょうこう》と引き換えに、明の皇帝からのさまざまな贈り物を渡したようである。

この点が、コロンブスの航海が他国を侵略して食料や原料、市場を簒奪《さんだつ》する様相が強かったことに対し、中国が鄭和の航海を「平和外交」として利用できる要素があるというわけだ。

二〇〇三年に『１４２１―中国が新大陸を発見した年』（メンジーズ・ギャヴィン）という英国の元海軍軍人の著書が出版された（二〇〇七年に日本語版が出版）。これにより、鄭和の大航海が西側諸国に知られることになったのであるが、メンジーズの著書の出版は中国にとって「渡りに船」であった。

海外進出を加速化する中国は、インド洋上の海岸沿いに運輸、通信、補給などの拠点を確保する必要性が生じた。併行して「海洋強国」の建設がスローガンとして掲げられ、これを支える海軍力の増強が不可避になった。しかし、これらの必要性は国際的な中国脅威論の高まりと結びつくことになる。

胡錦濤・前国家主席は二〇〇三年、オーストラリア連邦議会の演説で「一四二〇年代に鄭和がオーストラリアの沿岸部に立ち寄って調和的な友好をはかり、中国の文化を伝えた」と述べた。（地政学者・奥山真司氏のブログ）

マレーシアの中国語紙『星洲日報』（二〇一五年一一月二〇日）は、「鄭和の大航海が海賊を駆逐し、衝突を鎮め、海上の安寧を守った」と述べた。

中国はその後、さまざまなかたちで「鄭和の大航海」を利用するようになった。その狙いには、①「中国はユーラシアのランドパワーである」との既成概念を打破する、②中国が現在進めている南シナ海やインド洋などへの海洋進出をめぐって高まる中国脅威論を払拭し、かかる海洋進出が周辺国にとって経済的な利益をもたらすものであることを宣伝する、③現在進めている「一帯一路」構想が平和的な取り組みであることを認識させる、などが挙げられよう。

「借屍還魂」を実践して「一帯一路」構想を推進

「一帯」とは中国西部から中央アジアを経由してヨーロッパに至る陸路であり、「シルクロード経済帯（ベルト）」とも呼称される。

一方の「一路」とは中国沿岸部から東南アジア、インド、アラビア半島、アフリカ東部、欧州の各沿岸部を結ぶ海路であり、「二一世紀海上シルクロード」と呼称される。「一路」が示す海路は「鄭和の大航海」の航路と類似する。（次頁図参照）

アジアインフラ投資銀行（AIIB）は「一帯一路」構想の資金的な裏づけとなる。AIIBには米国主導の国際金融体制への挑戦、金融分野における主導権をアジア開発銀行（ADB）から奪取する、さらにはリーマンショック後の不動産開発などによりダブついた生産設備や在庫処分を周辺国に押しつける狙いもあろう。

つまり「一帯一路」構想には、米国主導の政治・経済・外交体制を打破し、中国にとって有利な国際秩序体制を構築し、中国の価値観を世界に普及するという戦略的な狙いがある。

中国の「一帯一路構想」と鄭和の大航海

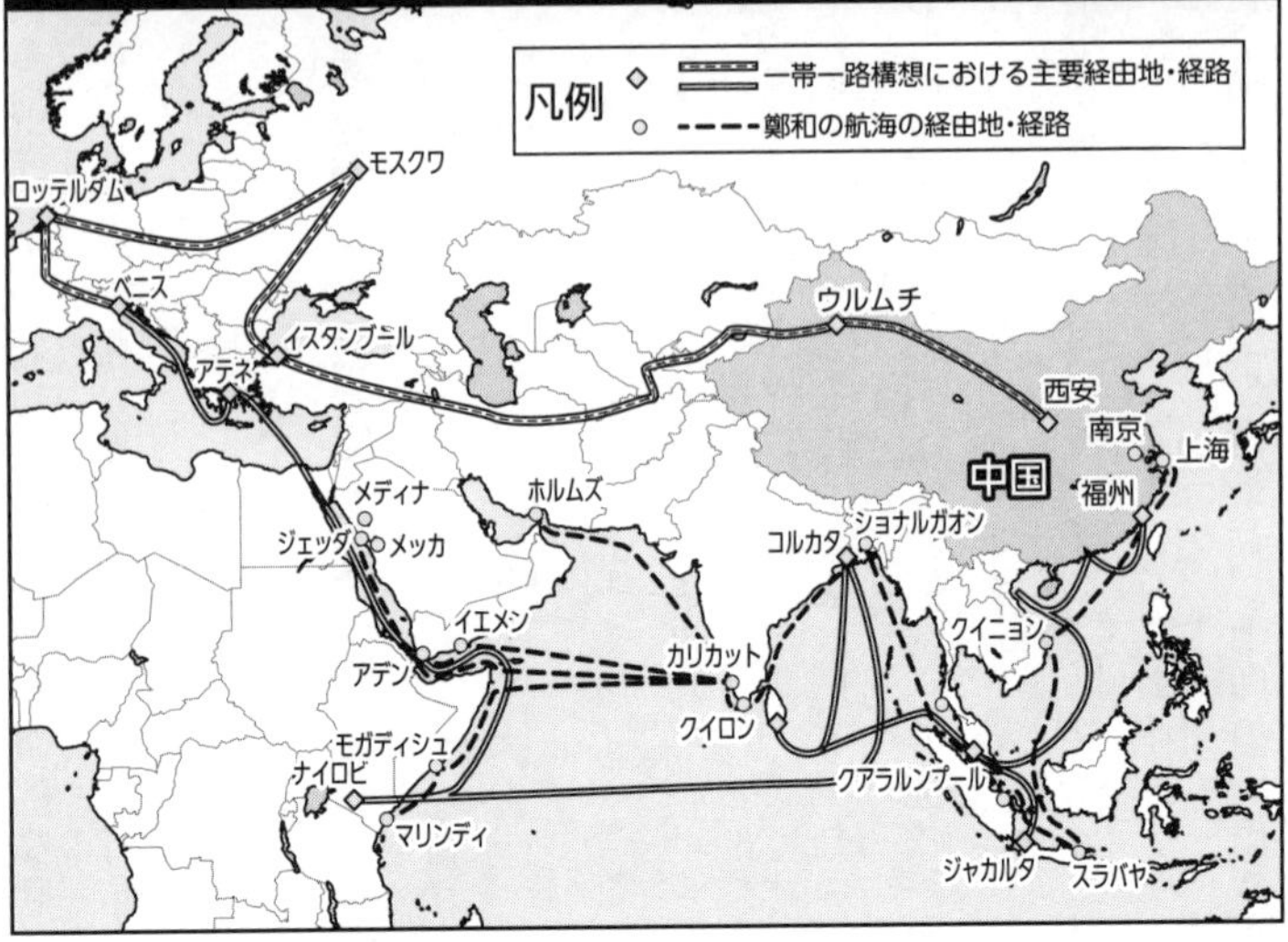

さらに魅惑的な「キャッチフレーズ」を弄して、周辺国における領有権の拡大を図るという側面がある。

だが、経済力と軍事力を背景に「一帯一路」構想とＡＩＩＢの設置を推進することは「中国脅威論」を招かざるを得ない。そこで、中国は鄭和という〝屍〟を利用して、中国が海洋国家であることを歴史的に証明するとともに、現在の海洋進出が平和的であることを宣伝しようとしているのであろう。すなわち、ソフトパワーとしての利用価値を「鄭和の大航海」に見いだしているのである。

まさに「借屍還魂」の計略を巧みに実践しているといえよう。

中国の誘いに安易に乗ることは禁物！

中国の程永華《ていえいか》・駐日大使は二〇一六年三月六日、わが国の新聞社の取材に対し、「一帯一路」構想について、「（日本と）共通認識を高め、経済における共同の利益を拡大させることが可能だ」「日本にも、シルクロードの東方の終点は西安ではなく奈良にあるとする説がある」と述べた。

こうした揺さぶりが弄されるのは、経済停滞期に入っている中国にとってわが国の経済協力が垂涎の的だからであろう。AIIBに日米が入ってくれなければ国際的信用度も高まらず、各国からの投資も集まらない。

しかし、こうした中国の誘いに安易に乗ることは禁物である。中国が「中華民族の偉大なる復興」を「中国の夢」と称し、「鄭和の大航海」をはじめとする〝平和的なプロパガンダ〟を展開しつつ、「海洋強国」建設や「一帯一路」構想を推進している点を見逃してはならない。

そこには中国にとって有利な政治、経済、軍事体制を確立していき、明代の漢民族統治による隆盛と、清代の最大版図の復活という遠大な戦略目標がある。このことを無視して、各国がAIIBに加盟しているからといった、安易な「右へならえ」は禁物である。

第十五計　調虎離山（ちょうこりざん）我の優位な領域に誘い込む

「調虎離山《ちょうこりざん》」は「虎を調《あしら》って山を離れしむ」と読む。山の中で育った虎は、虎が慣れ親しんだ山の中では捕獲できない。しかし、虎を山から不慣れな平地に誘い出すことができれば、虎を捕獲することも可能となる。

この計略は、敵の得意とする分野から、不得意な分野に誘い出し、敵の優位性を失わせるものである。『孫子』では、「城攻めは下策《げさく》である」と説いているが、スポーツも同様にアウェイでは苦戦を強いられる。正攻法で戦うには危険すぎる強力な敵に対してはこの計略が有効である。

毛沢東は、日本軍や国民党軍を、地形を熟知している中国内陸部に誘致導入してゲリラ戦を展開して勝利した。

ベトナム戦争では、北ベトナム軍が米軍をジャングルに招き入れて戦力を消耗させた。圧倒的に優勢な戦力を誇る米軍もジャングルでは〝山から離れた虎〟にすぎなかったのである。

このように、弱者が自らの有利な場所で戦うことで、強力な敵に勝利できる可能性があるのである。これが「調虎離山」の計である。

第二十八計「上屋抽梯《じょうおくちゅうてい》」も同じく、敵の得意な領域から誘い出す計略である。しかし「調虎離山」は、必ずしも我が得意な領域に誘い出すことを必須とはせず、敵と対等に戦える領域に誘い出すことで、〝五分五分〟の勝負に持ち込むことを狙っている。

毛沢東が採用した「調虎離山」の計

一九七一年九月一三日、林彪《りんぴょう》派は毛沢東暗殺とクーデターを企てて失敗し、ソ連への逃亡を試み、逃亡中の航空機墜落により死亡した。いわゆる林彪事件である。

一九五九年の彭徳懐《ほうとくかい》国防部長の失脚後、林彪はその後任に就任した。六六年からの文化大革命による劉少奇《りゅうしょうき》派の粛清運動が行なわれるなか、林彪系の第四野戦軍系軍人は地方を中心に権力を手中に収めるようになった。

林は一九六六年の第八期十一中全会で、単独の党副主席に就任し、毛沢東に次ぐ序列に二位に昇格、六九年四月の第九回党大会で毛沢東の後継者に指定された。同時に林彪の妻である葉群、部下の黄永勝（総参謀長）、呉法憲（空軍司令員）、邱会作（総後勤部長）、李作鵬

（海軍第一政治委員）も党中央政治局委員に選出され、林彪の政治的立場は強化されたかにみえた。

しかし、これは毛沢東の「調虎離山」の計略の発動であった。林彪派が地方にいては、毛沢東としてもその動向を探ることはできない。そこで、林彪派を北京中央の要職に配置して、〝檻の中の虎〟状態にした。

そして、毛沢東は康生《こうせい》（文化大革命の影の首謀者）、汪東興《おうとうこう》（中央警衛師団長）、華国鋒《かこくほう》（毛沢東死亡後の国家主席）らの特務グループに命じ、林彪派の動きをつぶさに監視していた。すなわち林彪派のクーデター計画は事前に暴露される宿命にあったのである。

「調虎離山」に基づくサイバー戦能力の強化

中国の最大の軍事敵対国が米国ではあることには異論がない。中国は一九九〇年の湾岸戦争において、C^4ISR（指揮・統制・通信・コンピュータ・情報・監視・偵察）によって連接された米軍の遠距離精密誘導打撃に衝撃を受けた。以後、新たな戦争様相に対応するため、米軍の戦い方を模倣するかたちで、独自の軍事改革に着手した。

しかし、米国と「真っ向勝負」をしては到底、勝ち目はない。そこで登場したのが「非対称戦」の考え方であるこれは、「弱者の戦法」である。圧倒的に優位に立つ米軍の通常戦力に対しては核戦力やサイバー戦で戦う、あるいは米空母に対して潜水艦で戦うという発想である。

一九九九年に人民解放軍の現役空軍上級大佐二名が『超限戦』という書籍を執筆した。同著は二〇〇一年の9・11同時多発テロの予言書としてベストセラーになった。

彼らは軍事のみならず非軍事の戦い方を組み合わせた、ありとあらゆる戦法を駆使した戦い方を「超限戦」と呼称し、これにより圧倒的に優位な軍隊に対して勝利できる可能性を指摘した。これは明らかに米軍を敵と意識した戦法だ。ここではサイバー戦、心理戦、金融戦などの計二一個の戦い方が列挙されているが、これらは組み合わせにより、ほぼ無限に拡大すると指摘している。

「非対称戦」および「超限戦」の核心となるのがサイバー戦である。中国国防大学で情報戦に携わる司光亜大佐は二〇一一年一一月、「サイバー空間を制する者が戦争の主導権を握る」「サイバー空間は海洋以上に大切な安全保障の砦である」と主張した。

近年、中国は人民解放軍軍が主体となり、国家ぐるみで着々とサイバー戦能力を強化している。

サイバー攻撃には平時と戦時の活動がある。平時の主な活動には、①敵国の政府機関などのネットワークに密かに侵入して重要情報を窃取する、②戦時におけるサイバー攻撃に必要な偵察活動を行なう、③戦時のサイバー攻撃を狙いにマルウェア（悪意のソフトウェア）を敵のネットワーク上に事前に残置する（事前攻撃）が考えられる。

②は、戦時において敵の指揮統制、兵站システム、電力施設などのインフラ設備に対し大々的なサイバー攻撃を仕掛けるための事前偵察である。すなわち、敵のネットワークのどこにサイバー攻撃を仕掛ければ、敵の混乱・麻痺状態を有効に作為できるかなどを明らかにするものである。

戦時には、軍は組織的に各種インフラに対するサイバー攻撃を仕掛けて、「サイバー空間」を支配し、米国のインフラ施設の破壊や米軍に対する「麻痺戦」を展開する可能性がある。

米国はその可能性を早くから警戒し、二〇〇三年に米国北東部を襲った大規模な停電、〇八年二月にフロリダで発生した停電について、「中国軍が電力網を管理しているコンピュータに侵入し、連鎖的な大停電を引き起こした可能性がある」との見解を示している。

「調虎離山」に基づき米国の高度情報社会の弱点を狙う

中国は、①サイバー戦は伝統的なスパイ活動、または軍事活動に比較して低コストである、②相手国から発信源が特定されることもなく責任回避が容易である、③経済混乱などを容易に引き起こせ、影響力行使が多領域に及ぶ、④国際的な法的枠組みの発達が不十分であるため規制されにくい、などの利点を認識しているとみられる。

これらにも増して、中国がサイバー戦の強化を狙っているのは、C^4ISRに基づく高度な指揮統合作戦を誇る米軍、高度情報社会を確立した米国が「サイバー空間」における優位を保持できないばかりか、米国の高度情報社会がサイバー戦に対して弱点を保有していることを中国が認識しているからにほかならない。

つまり、中国は「調虎離山」の兵法に基づき、米国や米軍が不利とする領域での軍事能力の強化を重視しているのである。

言い換えれば、中国が台湾侵攻の際には、大々的なサイバー攻撃を仕掛けて、米軍の作戦能力を麻痺できるということを示し、米国の軍事関与を排除しようとしているのである。

中国は、「サイバー戦においては明確な国家および軍の関与を立証することは困難である」という利点を用いつつ、民間のコンピュータ専門家や関連企業を軍事機構に登用し、平素のスパイ活動および偵察活動を繰り返しながら、戦時におけるサイバー攻撃能力を強化していくのであろう。

この際、「中国もサイバー攻撃の被害者である」「米国こそが世界最大のスパイ国家であり糾弾されるべきだ」という政治的牽制を追求していくとみられる。

サイバー戦への対応を強化せよ！

わが国においては、高度情報化社会にともなう通信・情報インフラの脆弱性、サイバー防護対処能力の不備が指摘されている。わが国に対して、平時から戦時にかけてサイバー戦を仕掛ける主たる対象国は中国とみて、ほぼ間違いない。

平時における重要機密情報の漏洩防止、戦時における「サイバー空間」の支配排除を念頭に、中国のサイバー戦能力の強化動向を注視するとともに、その保全対策を強化する必要がある。

第十六計　欲擒姑縦（よくきんこしょう）あえて敵を泳がす

「欲擒姑縦《よくきんこしょう》」は「擒《とら》えんと欲すれば、姑《し》ばらく縦《はな》て」と読む。我が、相手の逃げ道を遮断して強引に攻め立てれば、相手も必死に反撃してきて、こちらも体力を消耗する。だから相手を完全包囲して、完膚なきまでに打ちのめすのではなく、敵に逃げ道を用意することが重要である。

力づくで相手国に侵略し、相手国民を支配したとしても、その国民の心までは摑めず、長期的な統治は困難である。だから、じっくりと長期的なレンジで相手を落すことが重要となる。

『孫子』では「帰師には遏《とど》まること勿《なか》れ、囲師には必ず闕《か》き、窮寇《きゅうこう》には迫ること勿れ、此れ用兵の法なり」と述べている。

これは、「帰っていく敵軍は帰りたい一心で戦うので強いから、それを止めてはならない。敵を取り囲む時には完全に包囲せずに、どこかに逃げ道を空けておけ」という意味である。逃げ道を用意すれば、敵は必ずそちらに逃げ、逃げ道がわかっているので見逃すことはない。徐々に体力を失った頃を見計らってゆっくりと料理すればよいというわけだ。

スパイを特定してもすぐに摘発せずに、彼らの交流関係を把握することでスパイ組織の全貌を解明する。あるいはスパイの弱みを握って逆スパイ（反間）として利用するためにしばらく泳がす。

戦場において敵の通信所を発見しても、あえて通信所を攻撃せずに、敵の通信を傍受することで、敵の作戦企図を探り、兵力配置などを解明する。これらも「欲擒姑縦」の応用である。

諸葛亮の「七縦七擒」

西暦二二五年の三国時代にさかのぼる。蜀《しょく》の軍師であった諸葛亮《しょかつりょう》（諸葛孔明ともいう）は、南方地域の異民族である南蛮《なんばん》を支配下に置こうと雲南《うんなん》征伐に向かった。

蜀が圧倒的な軍事力を用いて異民族を征伐することは可能であった。しかし、諸葛亮は武力による勝利は自軍の犠牲も強いられ、相手を制圧したとしてもその効果が一時的なものにすぎないことがわかっていた。そこで南蛮王の孟獲《もうかく》を七回捕らえて七回釈放した。

孟獲が七回目に捕まった時、諸葛亮がまた釈放してやろうとしたところ、孟獲は「二度と背くようなことはしない」と言って諸葛亮に帰順を示した。
なお、この故事から「七縦七擒《しちしょうしちきん》」という言葉が誕生した。

毛沢東が用いた「欲擒姑縦」

一九五九年、チベットのラサで反乱（ラサ反乱）が生起し、ダライ・ラマ一四世はインドに脱出した。毛沢東はそれを聞いて「それはよかった」と言った。なぜならば、ダライ・ラマを逃がすのは毛沢東の最初からの企みであったからだ。

当時の人民解放軍にとって、ダライ・ラマを国内で捕らえ、拘束することはいとも簡単なことであった。しかし、ダライ・ラマを強引に捕らえて拘束すれば、チベット族は「窮鼠《きゅうそ》猫を噛む」とばかりに、決死の覚悟で反撃に出たであろう。それでは中国にとってのチベット支配は多大な労力を強いられ、国際的な非難にもさらされる。

そこで、毛沢東は最初からダライ・ラマを逃がすつもりで、ラサから国境タワンまでの逃亡ルート、偽装攻撃地点などを細かく人民解放軍に指示し、ダライ・ラマの逃げ道を用意したのである。

毛沢東は、指導者のいなくなったチベットに軍隊を派遣・駐留させて、中央チベットを自治区として編入し、そのほかの地域は中国に併合した。そののち、ここに漢民族を入植させ、チベット族との結婚を奨励し、チベットの支配を段階的に強化した。まさに「欲擒姑縦」の実践だったのである。

香港の祖国統一も「欲擒姑縦」

中国共産党が国家と社会を安定させるためには、国内における民主化運動への対応を見誤らないことが肝要である。一八八九年に生起した天安門事件では、党指導部の内部対立という国家的危機に瀕したが、その事件も学生による民主化運動が発端である。

二〇一一年一月から二月にかけて、中東・北アフリカを発信源に民主化運動が生起した。中国は、民主化運動の国内波及を過度に警戒し、情報統制という手段に出た。それが奏功してか、中国国内に「中国版茉莉花（ジャスミン）革命」が拡大することはなかった。しかし世界のグローバル化にともない、民主化の波は容易に遮断できそうにない。

現在、民主化運動の新たな発信源となりそうなのが香港であろうか。

一九八四年一二月、「中英共同声明」が発表され、九七年一二月に香港の祖国統一が決定した。この際、中国は「一国二制度」をもとに返還後五〇年間（二〇四七年まで）は、香港を中国の特別行政区として「高度の自治」を与え、社会主義政策を実施しないことを英国側に約束した。

これは、香港返還を渋る英国側を懐柔し、香港経済を活用し、香港住民の不安感を除去する狙いがあった。つまり、あせって香港の「中国化」を進めるのではなく、長期的なレンジでの「中国化」を目指す「欲擒姑縦」であった。

その一方で、中国当局による香港の「中国化」には余念がなかった。香港返還前から国家安全部などの情報機関の要員を香港の企業、政府組織などに浸透させ、各種の親中化工作を行なわせた。返還後も治安・情報機関の活動を強化し、民主化デモや反中活動を取り締まった。

香港に対する経済上の便宜供与についても抜かりはなく、やがて中国経済が香港経済を呑み込むかたちとなり、香港の「中国化」は着実に進展していった。

香港トップの香港行政区行政長官の選出も民主選挙とは名ばかりで、実態は中国指導部があの手この手で選挙に介入し、親中派が行政長官に就任する状況がずっと続いている。

まさに、ここが「欲擒姑縦」の巧みな点である。

形骸化した「一国二制度」

「中英共同声明」を具現化したのが「香港基本法」である。これは返還後の香港の憲法にあたる。同基本法では行政長官と立法会（議会）の議員全員（現在は定数七〇）を「最終的に

香港中心部を埋め尽くすデモ隊。「雨傘革命」は返還以後、最大規模の民主化運動となり、若者たちの激情はいまだにくすぶっている。（アフロ）

普通選挙で選ぶ」と明記された。

しかし、中国は行政長官選への「一人一票」の制度導入を二〇〇七年から一七年まで遅らせ、一四年八月、全国人民代表大会（全人代）常務委員会は、「行政長官候補は指名委員会の過半数の支持が必要であり、候補は二〜三名に限定する」と決定した。指名委員会の多数は親中派で占められているので、普通選挙とは名ばかりで、事実上、民主派からの立候補を認めないとの措置であった。

この制度の撤回を求めて、民主化団体派「学生思潮」などが学生を動員して、完全な民主的選挙の実施を求めるデモを敢行し、七九日間にわたり香港中心部の道路を占拠した。いわゆる「雨傘革命」

である。

中国政府は「一国二制度を堅持する」と主張する一方で、民主化グループに理解を示す姿勢を示しつつも、彼らの要求にはいっさい応じなかった。この運動は、結局は香港警察によって強制的に排除され、学生組織のメンバー数百人が逮捕された。

香港の民主化グループは、英国がこの問題へ関与するよう画策した。しかし、二〇一四年一一月、駐英中国公使は、英下院外交委員長に対し、「超党派の英議員代表団の香港訪問受け入れを拒否する」と通告し、一九八四年の英国との共同宣言は「現在は無効である」と通告したという。英国側はこれに反発したが、中国は、「道義的責任や義務はない」と一蹴したという。

二〇一五年一二月二四日、習近平・国家主席は、梁振英《りょうしんえい》・香港行政長官との会談において、香港の統治方式である「一国二制度」を堅持する方針だと述べた。しかし、「一国二制度」は形骸化され、「中英共同宣言」は有名無実化され、中国による香港の「中国化」は確実に進展している。

今後も香港における民主化デモの再発はあろう。その際、統制上の臨界点を超えた場合、中国が香港統治を「欲擒姑縦」から、第二十二計「関門捉賊《かんもんそくぞく》」（敵の退路を遮断して完全殲滅を図る）に転換する可能性は否定できない。

台湾や尖閣にも「欲擒姑縦」を適用

中国の次なる目標は台湾統一である。「一国二制度」はもともと台湾統一のために考案された制度を香港に適用したものである。したがって香港での「一国二制度」の成功が台湾モデルとなる。中国は台湾に対しては香港以上の「高度な自治」を確約しているが、香港の「中国化」を懸念する台湾当局が中国の誘いに容易に応じる公算は低いとみられる。

そこで中国は、まず台湾との経済関係を強化し、台湾経済を呑み込み、経済関係の強化から中台政治交渉につなげることを画策している。

その一方で「三通」（通商・通航・通信）により中台間の往来が活発化したことを好機として、大量の諜報員などを浸透させ、台湾に対する情報活動や、親中工作を展開するとみられる。

東シナ海および尖閣諸島の問題についても、中国は「欲擒姑縦」の計略を用いる可能性がある。「日中平和友好条約」の締結が大詰めに近づいていた一九七八年四月、鄧小平は尖閣諸島問題の「棚上げ」論を提唱した。これは、尖閣諸島の問題解決を次世代に委ねようとするものであり「欲擒姑縦」の応用であった。

この計略を採用したことで、わが国民の親中感情は一挙に高まり、中国は日本から対中ODA（政府開発援助）を引き出すことに成功した。（230頁参照）

しかし、中国が尖閣諸島の領有化に向けて密かに駒を進めていた。一九九二年には「領海法」を制定し、尖閣諸島が領土であることを明記した。

台湾統一や沖縄併合の動きに注視せよ!

相手側が攻勢を一時的に抑制する、釈放する、妥協する、といった優柔策には「何らかの魂胆がある」とみなければならない。

中国は台湾統一を目指し、その統一が成就された暁には沖縄をも呑み込もうとするであろう。

香港返還前から中国情報機関要員を香港に派遣し、返還に有利な態勢を構築したように、当面は沖縄における親中感情の形成、官民離間、不動産取得、経済支援を通じた環境形成などが進展することになろう。

第十七計　抛磚引玉（ほうせんいんぎょく）海老で鯛を釣る

「抛磚引玉《ほうせんいんぎょく》」は「磚《れんが》を抛《な》げて、玉《ぎょく》を引く」と読む。玉とは宝石のことで一般的には翡翠《ひすい》である。「玉石混交」「金科玉条」などの熟語があるが、玉はいずれも「素晴らしい」ものということになる。

一方の磚は「紛《まが》い物」という意味である。

したがって、紛らわしいものを使って敵の判断を惑わし、思考を混乱させる。つまり、わずかな元手や労力で大きな利益を得ることが目的である。

こちら側がこの計略に引っかからないためには、利益をちらつかされても、その裏に潜む「害」を見破るだけの冷静な判断力が必要となる。

日本語の「海老で鯛を釣る」と中国の「利と害とは隣為す」（淮南子《えなんじ》）、「利をみてその害を顧みざることなし」（荀子《じゅんし》）は、同意義、類語である。

漢の高祖が「抛磚引玉」に引っかかる

漢の高祖・劉邦《りゅうほう》が項羽《こうう》を滅ぼして漢帝国を興した時代にさかのぼる。北方の異民族である匈奴《きょうど》の指導者、冒頓単于《ぼくとつぜんう》が大群を率いて中国領内に侵攻した。劉邦は自ら討伐軍を編成して前線に赴いた。戦場は厳しい寒波に襲われ、寒さのために多くの兵士が凍死した。

これを知った冒頓は敗走を装って退却する。劉邦は匈奴も凍死者によって退却したのだと錯覚して追撃を試みる。しかし、それは漢軍をさらに北方に引き込むための冒頓の罠であった。冒頓は精鋭を後方に隠し、弱兵を正面に配置していた。

劉邦は正面に配置した弱兵が〝磚〟と気づかず、全軍を前線に繰り出し、連戦連勝で気をよくして追撃した。それにより追撃した軍隊が前線で孤立し、そこに冒頓は精鋭四〇万の騎兵を繰り出して、劉邦の軍を白登山《はくとさん》に包囲した。

台湾は中国にとっての〝玉〟である

現政権は「台湾統一は、『中華民族の偉大なる復興』のための回避できない必然だ」と述べている。中国憲法の前文には「台湾は中華人民共和国の神聖なる領土の一部である。台湾を本土と再統一するという偉大なる任務を遂行することは、台湾の住民を含む全中国の不可侵の義務である」と記述している。

台湾を統一できれば、中国共産党は「建国の最大の功労者」としての正統性を磐石《ばんじゃく》なものにできる。太平洋へのオープンな出入り口を確保し、「海洋強国」の建設と「中華民族の偉大なる復興」が初めて現実味を帯びてくる。

中国にとって台湾はまさに「玉」なのである。

中国の台湾統一戦略は実に巧妙である。国民党が二〇〇八年に民進党から政権を奪取して以降、中国は台湾統一攻勢を仕掛け、同年、早速に〝感謝の意〟を込めてパンダを寄贈した。

これは多くの国とは異なり、国内の移動と称しての寄贈であった。つまり、「一つの国」を前提とし、諸外国との間で行なわれる「国対国」のパンダ貸与の規定を適用しなかった。パンダ寄贈が政治外交であったという所以である。

国民党は、パンダをもらって嬉々とした。野党の民進党や台湾住民から「中国共産党に擦り寄っている」「どうして寄贈なのか」などと指摘・批判されても、どこ吹く風の国民党は「パンダは中国共産党ではない」「熊猫（パンダ）無罪」と居直った。

パンダは高価なレンタル料を生みだす貴重な珍獣である。それでも台湾を〝玉〟とするならば、パンダは〝磚〟にも劣る存在であることは明らかである。つまり、パンダで台湾の主権を奪う、「拋磚引玉」の実践が行なわれたというわけだ。

パンダ外交のしたたかさ

パンダは、かつては友好・親善の目的で寄贈されていたが、現在はワシントン条約で貸与しかできない。しかも、無償ではなく、高額のレンタル料が発生し、ペアで約百万ドルかかる。生まれたパンダはすべて中国が所有権を持つ。このほか、パンダ研究費、死亡賠償額なども高額である。

それでも経済効果が大きいため、各国は中国に擦り寄ってパンダの貸与を求めている。最近では、スコットランド（二〇一一年）、フランス（一二年）、カナダ（一三年）、ベルギー、マレーシア（一四年）に貸与された。その引き換えというべきか、中国は貸与国から技術支援および投資を獲得し、貸与国企業の買収などが進展した。

二〇一四年七月の中韓首脳会談において、中国から韓国へのパンダ貸与が決定し、一六年三月に貸与された。これは、北朝鮮の核実験とミサイル発射への中国の対応を不満とする韓国国民の感情を緩和することに効果があった。

このように、中国は自らの国益を計算し、パンダを貸与している。まさに「抛磚引玉」の中国外交が行なわれているのである。

わが国に対するパンダ外交に注意せよ！

わが国に対しては、一九七二年に日中国交正常化を盛り上げるためにパンダ二頭が寄贈された。

二〇〇八年五月、来日中の胡錦濤・国家主席がパンダ二頭を貸与することを発表した。これは小泉総理の靖国神社参拝、反日デモなどで悪化した日中関係を修復する効果があった。

二〇一一年にもパンダ二頭が上野動物園に貸与された。これは一〇年の中国漁船による尖閣領海内での海上保安庁巡視船への衝突事件により悪化した日中関係を修復する狙いがあった。このとき中国報道官は、「パンダが友好の使者として両国の国民の友好感情とその理解を深めるため、その役割を発揮してほしい」と述べた。

このように中国は、日中関係の改善や中国脅威論の緩和という政治的な狙いからパンダ外交を展開している。

その一方で力による海洋進出などは躊躇する兆しはまったくない。第十計「笑裏蔵刀《しょうりぞうとう》」でも述べたが、中国がソフトイメージを演出するなかで領有権と支配権を着々と拡大しているという視点を片時も忘れるべきではないだろう。

第十八計　擒賊擒王（きんぞくきんおう）指導者を籠絡する

「擒賊擒王《きんぞくきんおう》」は「賊を擒《とら》えんとすれば、王を擒えよ」と読む。語源は杜甫《とほ》の『前出塞九首』であり、「射人先射馬」（人を射んとすれば先ず馬を射よ）、「擒賊先擒王」（賊を捕えんとすれば、先ず王を捕えよ）である。

勝利を収めようとするのであれば、敵の指揮官、あるいは中心人物を捕らえればよい、という意味である。

この計略は、通常の国家関係においては、有利に立とうと思えば、相手国の国家指導者を籠絡すればよいということになる。

蓬の幹で作った矢を射る

唐の〝安禄山の反乱〟にさかのぼる。雎陽（現在の河南省商邱の南）を防衛していた武将の張巡《ちょうじゅん》は、尹子奇《いんしき》率いる反乱軍に苦しめられていた。張巡は長引く戦いの決着をつけるために、尹子奇の首を獲ることを計画した。

しかし張巡には首領である尹子奇の顔がわからない。そこで張巡は、弓の射手に本物の矢ではなく、蓬《あし》の幹で作った矢を射ることを命じた。この矢に当たった敵兵は自分が負傷しなかったことを不思議に思い、地上に落ちた矢を調べた。なんと矢は蓬の幹で作られていた。

兵士は大喜びし、尹子奇の下に駆け寄って「張巡軍は矢が尽きて、蓬を矢としている」と報告した。張巡は、その状況をみて、尹子奇の顔を見定めることができた。そして、ただちに部下に本物の矢で射ることを命じ、見事に尹子奇の左目を射抜き、尹子奇は戦意を喪失した。

各国情報機関は獲得工作に懸命

国家指導者や軍隊指揮官の重要性は説明するまでもない。だから戦いでは、しばしば指揮官などの排除が試みられる。かつて米国は共産主義国家としてのキューバの台頭を警戒し、ＣＩＡを通じて指導者カストロの暗殺を狙った。最近ではイラクのフセイン大統領や、アルカイダのオサマ・ビンラディンの首を米国は執拗に追った。指導者を排除しなければ、組織を壊滅することは難しいと判断したからだ。

逆に、敵国の指導者や反対派のリーダーを味方に取り込むことができれば、その国家や反対組織はすべて自分の思いどおりに操ることができる。

自らに有利な働きをしてくれる人物を獲得することを獲得工作という。世界各国の情報機関は、相手国の政府組織内部の要人を協力者として獲得することを狙っている。かつて日本においてスパイ活動を行なっていた、ソ連KGBの諜報員であるレフチェンコは米国亡命後、米国議会で「自国（ソ連）の政策、主張に沿うように行動してくれる人物をいかに獲得するかに大きな努力を払っている」と証言した。

「戦わずして勝つ」を信条とする中国も同様に、政界、経済界、マスコミ、教育機関等のあらゆる方面において、協力者の獲得や育成に最大限の努力を傾注していることは間違いない。

中国の巧妙な獲得工作

近年、中国のアフリカ進出が顕著となっている。中国は有能な若手の国家指導者候補を、中国の国家予算で北京に招聘・留学させ、将来の両国友好関係の礎石としている。すなわち、将来の成果を睨んだ先行投資の人材獲得工作である。

『中国人の交渉術―CIA秘密研究』によれば、中国の獲得工作は以下のように行なわれる。

対象者が決まったら、あらゆる人脈を利用・駆使して、その人物との接触を図る。

次に対象者を中国国内に招待し、豪華な宴会を設定し、「熱烈歓迎」と「微笑と礼賛」で歓心を買う。その一方で「冷淡な拒否」「強硬な非難」「糾弾と酷評」を併用し、対象者を籠絡する。すなわち、アメとムチの併用である。

中国は有望な対象者を獲得するためには先行投資を惜しまない。「これだ」と思った人物に対しては若い時から目をつけ、氏名、年齢、出身地および所属団体などの基礎情報を収集・整理し、趣味・嗜好、信条、宗教など調べ、さらには金銭、女性関係、仕事上の不遇などの弱点を把握することに努めるという。

中国は特定の外国との関係を構築した方が利益となる判断した場合、その国の政府高官、政治家を個人的関係に引き込む術に長けている。一九七〇年代の米中秘密交渉の初期、中国と交渉した米国側当局者の多くは、「接触の初期段階で、交渉というよりも社交に見えるかたちで、中国側から執拗に接触され、米側の考えや動機を読もうとされた」と回想している。

この際、外国の指導者が個人レベルで中国との絆を築くことで、その指導者が自国側での利益を獲得し、あるいは国際的な評価を得るという側面をちらつかせる。そして、外国の指導者と個人的関係が確立できれば、「古い友人」として、その指導者に種々の懇願や圧力をぶつけて効果を挙げる。

中国は特定人物に圧力をかける際に、あえてその人物を政治ライバルと競合させる戦術をよくとる。米中国交正常化交渉の過程では、中国はキッシンジャー国務長官とシュレシンジャー国防長官を競合させた。

また脅迫戦術においては、中国側の要求が受け入れられない場合の不吉な展望をあえてあいまいな表現で述べて、その最悪の場合がどうなるかを相手に推測させる方法をとっているという。

わが国で展開している「擒賊擒王」

一九七二年に田中角栄総理の訪中により、日中間の国交が回復した。この際の田中総理に対する中国側の工作は、まさに「射人先射馬、擒賊先擒王」の実践であった。田中総理を味方につけるために、徹底した調査活動が行なわれた。

田中総理が国交正常化交渉のため北京を訪問した際の、中国の徹底した調査活動の一端を示す驚くべきエピソードがある。宿泊先であった北京西郊の釣魚台国賓館（迎賓館）には、田中総理の故郷の新潟県刈羽郡二田村周辺の赤味噌が使われた味噌汁、新潟産「コシヒカリ」を使ったおにぎり、好物の木村屋のアンパンが用意されていた。（袁翔鳴『蠢く！中国「対日特務工作」マル秘ファイル』）

もちろん、中国は〝ご機嫌取り〟のために、このような心のこもった〝おもてなし〟をしたのではない。中国は「日本側の手の内は、弱点も含めてすべてお見通し」ということを暗示し、心理的に優位に立つことで、日中交渉を有利に進めようとしたのである。

天皇陛下との会見を執拗に要求

中国は天皇陛下との会見を執拗に要求するが、これも「擒賊擒王」の応用であろう。

一九七八年、鄧小平・副主席が訪日し、天皇陛下と会見した。以降、中国は天皇陛下の訪中を画策した。その成果が現れ、九二年に天皇陛下による初の訪中が実現した。当時、八九年の天安門事件で中国バッシングが国際的に拡大し、対中経済制裁が行なわれていたなか、天皇陛下の訪中は中国包囲網に風穴を開ける大きな意義があったとされている。

一九八九年の江沢民・主席の来日では、江主席は宮中晩餐会に人民服で出席し、歴史認識問題で天皇陛下を追及するなど、狼藉ぶりを示し、わが国の対中感情が悪化した。

二〇〇〇年代に入り、胡錦濤政権に移行し、日中関係が修復されていくが、小泉総理の靖国参拝、〇五年の反日デモなど、ふたたび日中関係は悪化していった。

二〇〇六年の第一次安倍政権になって「戦略的互恵関係」で合意し、関係は少し修復する。そうした関係が〇九年七月の衆議院解散と、九月の鳩山民主党内閣の樹立により、大きく動くことになった。

二〇〇九年一二月一五日、今上天皇と習近平・国家副主席との特例会見が行なわれた。これに先立ち、民主党の真の実力者であった小沢幹事長による五百名近い訪中団を一二月一〇日から一三日まで受け入れていた。

中国は一九九八年に胡錦濤・副主席が訪日した際に、天皇陛下と会見していたことから、習副主席訪日に際しても同様の会見を求めていた。しかし、中国側は一カ月前までに会見を申請するという慣例に従わず、中国側の会見申請は一一月二三日までずれ込んだ。

そこで、宮内庁は「一カ月前ルール」に照らして応じられないと返答する。外務省も鳩山総理と平野官房庁長官に「会見は不可能」と伝えた。これに対して、小沢民主党幹事長は強引ともいえる手法で、宮内庁長官らに圧力をかけて、会見の実現に漕ぎ着けた。

かかる経緯の詳細はよくわからないが、中国側は何としても天皇陛下との会見を実現する必要があったのであろう。

中国は、小沢幹事長の実力者としての誇示に一役買う一方で、日本国民が尊敬してやまない天皇陛下との良好な関係を演出することで、日本に対し中国が優位にあることを国際的に示そうとした可能性がある。あるいは、習副主席の次期国家指導者就任に暗雲説が取り沙汰されるなか（二〇〇九年の中央委員会総会で習は中央軍事委員会副主席に就任して、次期国家指導者の地位を確実にするとみられていたが、同副主席の就任は見送り）、一九九八年の胡副主席の天皇会見と同様の会見を実現し、国内的に習の実力をアピールすることで、次期国家指導者を確実なものとする必要があったのかもしれない。

「擒賊擒王」は獲得工作における要訣

獲得工作では一国の政治、経済、外交および軍事を担う体制派の要人の獲得が重要である。最も効果的な工作対象者は国家最高指導者である。それに次ぐのは政界の長老などの最高指導者に影響力を行使し得る人物、次いで国家指導者の政策ブレーンなどである。

二〇一二年九月の尖閣諸島国有化以降、日中関係の修復というかたちで、日本国際貿易促進会・河野洋平会長、江田五月元参議院議長、鳩山由紀夫元総理、二階俊博元経済産業相、日中友好議員連盟・高村正彦会長、翁長雄志沖縄県知事、御手洗富士夫日本経団連名誉会長らの訪中が行なわれた。

これら訪問において日中のいずれが主導的であったのかは別として、中国が彼らを好意的人物としてとらえていることは間違いない。

中国の獲得工作に警戒せよ！

日中関係を安定化することは双方の利益であり、友好訪問の必要性に異を唱えるわけではないが、中国が招聘工作により重要人物を獲得・籠絡することを狙っている点には注意が必要である。

すでに一部訪問者の〝親中発言〟が中国メディアによって取り上げられ、「中国は平和国家」「尖閣諸島は中国領土」などの宣伝戦に加担している状況もある。

中国は国家レベルだけではなく、軍、地方政治、経済界など、さまざまな領域において獲得工作を仕掛けているとみられる。十分な警戒が必要である。

第十九計　釜底抽薪（ふていちゅうしん）力の源泉を排除する

「釜底抽薪《ふていちゅうしん》」は「釜底《かまぞこ》から薪《たきぎ》を抽《ぬ》く」と読む。水の沸騰は火の力による。火の勢いが強ければ強いほど、水は激しく沸騰する。この勢いを阻止することは一見困難にみえるが、火の根本は薪である。薪そのものは危険ではなく、近づいても害はない。

よって、煮えたぎっている鍋の勢いを止めるためには、釜の底で燃えている薪を抜き出して、火の勢いを消滅させればよい。つまり、強大な力を直接的に阻止しなくても、その力の根源を間接的に排除することで、労せずして敵の勢いを削ぐことができる。

この計略の軍事的・戦術的な応用には、敵軍の補給や兵士の士気を瓦解する、政治的・戦略的には反対勢力の要求を巧みに取り込み、争点をなくしてしまうなどが挙げられる。

漢の将軍が相手の兵站を途絶

西暦一五四年にさかのぼる。七つの国が連合して、当時、中国を統一していた漢王朝に対して反乱を起こした。漢の将軍は、真っ向勝負では反乱軍を鎮圧することは困難と判断し、正面から攻撃するのではなく反乱軍の兵站を攻めることに決した。

将軍は配下の主力部隊を召集して、あたかも正面攻撃を行なうかのような態勢をとった。その一方で正面の勢力を増強していく反乱軍の背後に、主力である軽武装部隊を迂回・指向し、物資を輸送する補給線を攻撃する布陣をとった。

漢の将軍は主力部隊に対して、正面攻撃を仕掛けるよう命じた。しかし、これは偽攻撃である。反乱軍は、漢の主力攻撃がたいしたことはなく、十分に持ちこたえることができると錯覚した。しかし、喜びも束の間、軽武装部隊によって兵站補給線が遮断された。

反乱軍の兵士のもとには兵站物資が届けられなくなり、兵士は飢えと喉の渇きに喘ぎ、ついに戦意を喪失した。すなわち、漢軍は「釜底抽薪」の計略を用いることで、自軍の犠牲と労力を最小限に抑えて、反乱軍を討伐したのである。

『三国志』では、曹操《そうそう》が兵力に勝る袁紹《えんしょう》軍の軍需品の集積場所を夜襲し、戦いに勝利した。『孫子』においても「輜重《しちょう》なければ、即ち滅ぶ」、すなわち兵站の重要性を説いている。

日本軍が第二次大戦に敗北した大きな理由の一つが兵站の軽視であった。日露戦争当時も「輜重輸卒《ゆそつ》が兵ならば、蝶々《ちょうちょう》、蜻蛉《とんぼ》も鳥のうち」という、輜重兵（兵站兵）を揶揄する歌があったが、兵站の軽視は日本軍の宿痾《しゅくあ》ともいうべきものであった。

現代戦では大義名分が不可欠

現代の戦争遂行には、「大義名分」が極めて重要な要素となる。米国によるイラク戦争も、「フセインが生物・化学兵器を貯蔵している。アルカイダはイラクとの関係を有している」との「大義」を掲げることで、米国民の支持を得て、ようやく開戦に踏み切ることができた。

したがって、敵に対し「戦わずして勝つ」ためには、敵指導者をして戦争のための「大義名分」を喪失させればよいのである。そして、一般国民に対しては厭戦《えんせん》気運を醸成することが重要となる。これらの戦略・戦術は平時、有事を問わず、戦争の常套手段となる。これが、戦略・戦術面における「釜底抽薪」の真の狙いである。

中国が「三戦」を提起

中国は伝統的に敵の戦闘意志を〝瓦解〟する手段として、心理戦を重視してきた。毛沢東の作戦指導や中越戦争では心理戦を駆使した事例が確認できる。

そうした過去の心理戦の伝統を継承し、現代の戦略・戦術として再集成されたのが「三戦」である。二〇〇三年一二月、中国は「人民解放軍政治工作条令」を改訂した。その改訂工作条例のなかで「三戦」が初めて提起された。

「三戦」は「輿論戦《よろん》」「心理戦」および「法律戦」の三つの戦いから構成されており、それぞれは、次のように定義されている。（『防衛白書』）

（1）輿論戦

中国の軍事行動に対する大衆および国際社会の支持を築くとともに、敵が中国の利益に反するとみられる政策を追求することのないよう、国内および国際世論に影響を及ぼすことを目的とするもの。

（2）心理戦

敵の軍人およびそれを支援する文民に対する抑止・衝撃・士気低下を目的とする心理作戦を通じて、敵が戦闘作戦を遂行する能力を低下させようとするもの。

（3）法律戦

国際法および国内法を利用して、国際的な支持を獲得するとともに、中国の軍事行動に対する予想される反発に対処するもの。

「三戦」は米軍戦法の学習から誕生

米軍の戦術・戦法を研究している中国は、米軍に学ぶことで「三戦」の研究と提起につなげたとみられる。とくに二〇〇〇年代のアフガン・イラク戦争などにおいて、米軍が「三戦」を駆使して所期の作戦目的を達成したと認識しており（二〇〇四年一二月『台湾国防報告書』）、これが「三戦」提起の起点となった。

アフガン・イラク戦争では、米国は戦争におけるマスメディアを戦時宣伝に積極活用した。たとえば、軍事行動の一方で、クルド難民に対する救済活動の状況を世界に報道した。米国が虐げられた民族を救う〝正義の救済者〟であることを演出し、自己の戦争に対する〝正義〟を国際世論に訴えた。

こうした状況に関し、中国の軍事専門家は早速、「『三戦』に勝利するためには、『情報優勢（制情報権）』を獲得することが必要不可欠である。米国はイラク戦争開始前に二八パーセントであった国内民衆の支持率を、イラクが大量破壊兵器を保有しているという世論の形成を通じて、開戦時までに五五パーセントまで高め、戦略的な有利を得た」と分析した。

当時の『解放軍報』によれば、「ソマリアの軍事独裁者アイディードは、米軍兵士の遺体を引き回している映像を米国のニュース・メディアに流すことで、米国内における民衆の反戦気運を煽った」との中国軍事専門家の論文を掲載し、弱者が「三戦」により良好な成果を獲得できることを強調した。つまり、メディアを利用することで我の有利な状況と、敵に不利な状況を生起させることが可能とみたのである。

「三戦」は新たな「独立した作戦」

「心理戦」や「輿論戦」は新しいものではないが、過去の戦法は、戦場におけるビラ撒き、拡声器により呼びかけが主要な形態であり、こうした情報伝達手段では影響力も限定的であった。そのため、「心理戦」や「輿論戦」は独立した作戦ではなく武力戦の補助手段にすぎなかった。

しかし、今日ではインターネットなどの飛躍的発展により、一般社会において、平時から「心理戦」などを仕掛けることが可能となった。中国はインターネットなどの情報伝達手段を利用する「心理戦」を「情報心理戦」と呼称し、従来の「心理戦」とは一線を画すものとみている。そして、かつての戦場における戦争の補助手段であった「宣伝戦」は、「心理戦」とともに進化し、その進化型が「輿論戦」になったと解釈できる。

マスメディアが発達した現在、とくに、情報の伝達速度が速く、報道や言論の自由が保障される民主主義国家に対して、世論対立を煽るうえで、「三戦」が有用であるとの認識が定着している。つまり、中国は「三戦」を武力戦と並ぶ別個の独立した地位を占める、現代の戦略、戦術、戦法であると認識しているのである。

中国は「三戦」を軍事行動における合法性、正当性を確保する手段としてとらえている。当時の『解放軍報』などでは、米軍の捕虜虐待事件（グアンタナモ事件）を取り上げ、米軍が「ジュネーブ条約」などの国際法を踏みにじり、人権侵害という野蛮な行動を起こし、国際社会の反発を招き、苦境に追いやられたと報じた。

そして中国は「『法律戦』を展開することで、国際社会の理解と支持を得て、我の軍民の意志を結集し、敵の意思を〝瓦解〟させることができる」として、人民解放軍に対し、国際法および国際慣例に習熟するよう訴えた。

「三戦」は台湾統一のための戦略

台湾は、中国による「三戦」は具体的な運用段階に入っていると認識し、二〇〇六年の『台湾国防報告書』次のように報じた。

(1)「中国は台湾が中国の一部であり、台湾問題は内政問題である」とする国際宣伝を行なっている。(輿論戦)

(2)台湾対岸の短距離弾道ミサイルの増加配備や同ミサイルの台湾海峡等への発射による心理的威嚇を行ない、対台湾侵攻を想定した統合演習を実施するなどの武力威嚇を行なっている。(心理戦)

(3)「国家分裂法」の制定と「台湾白書」等により、武力攻撃の可能性を示唆し、言葉の脅しを実施している。(法律戦)

三戦はわが国にも適用されている

「三戦」は対台湾への適用にとどまらない。わが国の尖閣諸島をめぐる問題においてもすでに具体的な運用段階に入っているとみられる。

国内法である領海法（一九九二年）の設定と国際海洋法の独自解釈により、尖閣の領有権はもとより、自国の経済活動水域（EEZ）は、沖縄トラフまでの大陸棚の縁辺だと主張している。つまり、わが国が主張する日中中間線の存在を完全否定している。（法律戦）

漁業活動や東シナ海ガス田開発の擁護と称し、「中国海警局」の法執行船を同海域に派遣し、わが国の漁民および海上保安庁職員に対し、逮捕権をちらつかせ、その背後で軍艦を遊弋させるなど、心理的な圧迫を繰り返している。（心理戦）

マスメディアを利用して、尖閣諸島の領有権の主張と、領有権争いが存在することを国際的に宣伝し、日本がそうした状況を一方的に無視して、不法に国有化したと喧伝し、〝日本の非合法性〟を内外に強調しようとしている。（輿論戦）

国民の対中防衛意識を高揚せよ！

中国は「戦わずして勝つ」を上策としている。現在の日米同盟の存在という前提では、中国は東シナ海における自らの戦略的・戦術的劣勢を認識し、日本との軍事的干戈《かんし》は回避すべきと考えている可能性が高いとみられる。

よって、当面は武力戦の備えに努力するものの、武力戦を仕掛けるよりも、非武力戦である「三戦」をますます強化してくることは間違いない。

わが国が、中国による「三戦」に心理的に屈し、政府高官や一般国民において諦念や無気力感が蔓延するとすれば、尖閣諸島をめぐる勝敗の決着は火を見るよりも明らかである。

中国の「釜底抽薪」は着々と成果を収めていることに留意し、今こそ国民の対中防衛意識を高めることが必要である。

第二十計　混水摸魚（こんすいぼぎょ）敵内部に混乱を生起させる

「混水摸魚《こんすいぼぎょ》」は「水を混《ま》ぜて、魚を摸《さぐ》る」と読む。水をかきまぜて、魚が何も見えないようにして、その隙につかまえるという意味である。「乱而取之（乱してこれを取る）」とほぼ同意語である。

「混水摸魚」は、相手側が混乱する状況を主導的かつ一挙に生起させることに特徴がある。第五計「趁火打劫《ちんかだきょう》」が敵の外患（自然災害、国家間対立など）を攻めるのに対し、本計は計画的に敵の内患を生起させて、我の意図を成就させるというものである。

軍事的には敵通信網の破壊、流言飛語の流布、心理戦による不安感などを醸成し、その隙に敵を叩くことが考えられる。政治的には、敵の政治指導部内に混乱を起こし、意思決定が乱れていることにつけ込んで、我の思うように操縦することなどが、この計の応用例となる。

魏軍が斉軍の退却を混乱させ撃破

南北朝時代にさかのぼる。斉《せい》軍と魏《ぎ》軍が淮川《わいがわ》を挟んで対峙していた。魏軍の司令官は、斉軍が夜間に淮川を渡河して奇襲攻撃を仕掛けてくると読んだ。淮川は、場所によって水深が異なるため、攻撃は浅瀬を選定し、帰還する時は、対岸から明かりを照らして目印にするだろうと予測した。司令官は、十数名の兵士に、可燃物を入れた瓢箪《ひょうたん》を渡し、「秘かに対岸にわたり、水が最も深い場所に隠れろ。夜、斉軍が渡河しても動いてはならない。斉軍が帰還する時、対岸で火を点火するだろう。その時、これに火をつけて、水の深い場所に放り込め」と命じた。

その夜、斉軍は淮川を渡河して、魏軍に奇襲をかけてきた。だが、魏軍の待ち伏せ攻撃によって、退却を余儀なくされた。ところが、退却する斉軍を誘導する対岸の火は、魏軍が放った瓢箪の火で見分けがつかなくなった。混乱した斉軍の兵士は我れ先に川を渡ろうとして、深みにはまって溺死する者が続出した。

正規戦と併用される武装蜂起

敵内部における武装蜂起の画策は、しばしば正規戦と併用して行なわれる。これは、サイバー戦などと同じように、敵の作戦指揮に対して大混乱を起こさせる。

各国は正規戦と併用した敵内部における武装蜂起を画策してきた。一九六一年のキューバ侵攻では、CIAはフロリダやグアテマラの米軍基地で軍事訓練を行なった亡命キューバ人約一四〇〇名により反カストロ軍を結成し、米軍のA-26爆撃機の支援の下、反カストロ軍を船舶輸送でキューバのピッグス湾に上陸させ、これに呼応してキューバ国内で武装蜂起を起こす計画を立てた。

しかし、カストロはこれを事前に察知し、反カストロ軍が侵攻する数日前に、武装蜂起を試みる国内反対派を壊滅した。上陸地点にはキューバ軍を配置し、反カストロ軍を迎撃し全滅させた。反カストロ軍の上陸作戦と、国内反対派の武装蜂起との連携が成功していたならば、現在のキューバの存在はなかったのかもしれない。

中国も歴史的に敵内部での武装蜂起を多用

最も有名な武装蜂起が一九二七年八月一日の南昌《なんしょう》蜂起である。当時、中国共産党は国共合作により、国民党内部に共産党員を浸透させ、労働運動などを扇動していた。国民党内部の武力を接収するかたちで、共産党の武装化を進めようとしていた。

しかし、蔣介石が各地で共産党員の摘発、粛清を行なったため、共産党は〝虫の息〟状態となり、一刻の猶予も許されなかった。そこで、蔣介石の粛清の手が及んでいない江西省南昌において、共産党は労働者、農民、軍隊の暴動により、勢力を回復するという方針を決定した。

そして同地の公安局長であった朱徳などを中心に約三万人が武装蜂起した。しかも蜂起には国民党旗を掲げ、あたかも国共合作の下に国民革命を企図したかのようにみせかけた。

一方、毛沢東は同年九月、湖南、湖北の各地で「秋収蜂起」を指導し、中国工農紅軍を興す。

いずれの蜂起も失敗し、毛沢東も朱徳も井岡山《せいこうざん》に逃げた。しかし、壊滅危機にあった共産党は、井岡山での毛沢東軍と朱徳軍との合流により、工農紅軍第四軍という独自の軍隊の旗揚げに成功し、その後の反撃に活路を見いだした。そして、毛沢東の「政権は銃口から生まれる」との革命理論を構築した。これらの意義は極めて大きく、南昌武装蜂起が中国の建軍記念日（八月一日）となった所以である。

中共が各国の武装蜂起を画策

中国は共産党が一九五〇年代から六〇年代にかけて、世界各地で共産党革命を画策した。その戦略・戦術が「国際統一戦線」と「中間地帯論」に基づく革命輸出である。

毛沢東はアジア、アフリカ、南米を米帝国主義と社会主義陣営の中間に位置する「中間地帯」に分類し、これら諸国に積極的に接近し、広範囲の「国際統一戦線」を形成することを画策した。

このため、「中間地帯」諸国に武装組織を結成し、資金援助、武器供与、破壊・転覆活動のための教育訓練などを行なった。当時、いくつかの諸国には中国の資金援助による秘密組織や特殊訓練学校が設立され、そこでは『毛沢東ゲリラ戦教程』を使用した革命教育が行なわれたという。

日本も「中間地帯」に位置づけられ、中国にとっての重要な工作対象となった。二〇〇二年五月に米国立公文書館で発見された米国防省の機密文書『中国スパイ網報告書』によれば、当時、中国が日本共産党などを通じて、日本の政財界の要人に対して資金援助を行ない、その見返りとして情報提供を強要するなどの工作が行なわれたようである。また、中国国内で訓練した旧日本軍兵士を、日本における情報工作の実行を条件に帰還させ、これら帰還兵を使って米軍施設に浸透による米軍情報の入手や、日本国内での武装蜂起準備などを行なうよう指示したという。（二〇〇二年五月二日『産経新聞』ほか）

わが国においては結局、六〇年安保と連動した武装蜂起は失敗に終わった。その後の日中国交正常化により日中関係は安定化し、中国も経済重視路線を採用し、中国によるあからさまな武装蜂起の画策は世界的に影を潜めている。

しかしながら、将来的に日中対立が深刻化し、中国国内が不安定化した状況で、中国指導部が「日本の領土の一部を占拠する」と決断したなら、その最も効果的な方法は、わが国内部における武装蜂起の画策であることは間違いない。

沖縄における武装工作の画策

沖縄出身で拓殖大学客員教授の惠隆之介氏は、中国が画策する「琉球独立」のシナリオについて、以下のとおり分析している。

- 観光客を装った大量の工作員を送り込む。
- ○月○日Xデー正午の合図にまるで住民が蜂起したかのようにみせる。
- 中国工作員が県知事や要人を一挙に確保し、沖縄独立宣言をさせる。
- 中国が琉球王国を最初に認める。

つまり、沖縄県に「混水摸魚」状況を生起させ、喉から手が出るほど欲しい沖縄を我がものにしようとする戦略・戦術である。

二〇一〇年二月、中国国防動員法が制定された。国防動員の最大の要は、戦時における国民の戦争意志を鼓舞し、〝滅私奉公〟の態勢をいかに確立できるかという点にある。この点に関しては、中国は国防教育に従来から力を入れており、軍事宣伝体制も発達しており、わが国よりも優位に立っている。

国防動員法には「いかなる組織および個人も民生用資源の徴用を受ける」と規定されているのみだが、『中華人民共和国国防動員法釈義』によれば、徴用の対象となる組織および個人は、「党政府機関、大衆団体、企業・事業団体等、中国及び国内にある全ての組織及び中国公民、中国の居留権を持つ外国人も含む全ての個人」を指す。（宮尾恵美『中国国防動員法の制定』）

つまり、前述の沖縄に対する武装工作などの状況が生起すれば、中国は「国防動員法」という法律の名の下で、旅行者、居住者を問わず沖縄および日本全国に所在する中国人、地域に根を下ろす華僑・華人を総動員し、「反日行動を全国的に展開せよ」などと指示する可能性が排除できない。まさに「混水摸魚」の状況が生起するということである。

沖縄での内部蜂起成功の鍵

内部蜂起の成功の鍵は、平素からの浸透工作の程度にかかっている。惠氏によれば、中国による沖縄に対する浸透工作は相当進んでいるようである。二〇一三年、中国共産党機関紙『人民日報』が「琉球は中国の属国だった」との論文を掲載したことに呼応して、同年五月一五日、沖縄県で「琉球民族独立総合研究学会」が発足した。

同研究会は友知政樹《ともちまさき》・沖縄国際大学准教授らが発起人であり、「日本から独立し、米軍の軍事基地を撤去し、平和と希望の島を自らの手で作り上げていく」ことが目的とされる。同年五月一六日、『人民日報』系の『環球時報』は「沖縄県で設立された『琉球民族独立総合研究学会』を支持すべきだ」という社説を早速掲載し、同研究学会の活動を支援していく姿勢を示し、安倍政権に揺さぶりをかけた。

二〇一三年五月三一日、『人民日報』は「明朝と関係の深い沖縄久米村」と題するルポタージュ記事を配信した。仲井真弘多《なかいまひろかず》・沖縄県知事が、明朝の時代に渡来した「久米三十六姓」の子孫であると述べ、沖縄と中国との歴史的関係を強調した（二〇一三年一二月一四日『読売新聞』）。同年一〇月二六、二七日には那覇市で第一回総合研究学会の「学会大会」が開催され、独立の賛否を問う住民投票に取り組む方針が確認された。

現沖縄知事の翻意の背後に中国の影？

二〇一四年一一月、翁長雄志《おながたけし》氏が、「オール沖縄」などを支持基盤に新知事に当選した。翁長知事は仲井真・前知事が承認した「辺野古埋め立て」を撤回し、さらにはジュネーブでの国連人権理事会の演説（九月二一日）で「沖縄の人々は自己決定権や人権をないがしろにされている」などと演説した。

かつて翁長氏は自民党沖縄県連の幹事長を務め、辺野古移設の旗振り役であった。そのような翁長知事の今日の言動の真意については推量し得ないが、評論家筋の情報では翁長知事が沖縄市長や県知事に擁立される過程や国連人権理事会への出席において、水面下での中国による支援工作やお膳立てがあったという。

一方、同国連人権会議では名護市在住の我那覇真子《がなはまさこ》氏（二六歳）が二〇一五年九月二二日、「翁長知事の発言は真実ではない。日本とその地域への安全保障に対する脅威である中国が選挙で選ばれた公人やその支援者に『自分たちは先住少数民族である』と述べさせて沖縄の独立運動を扇動している。……どうかプロパガンダを信じないでください」と述べた。

（我那覇氏の『Face book』）

「沖縄で展開されている『辺野古反対』は、〝沖縄県民の声〟ではなく県外からの一部反対者による扇動である」「翁長知事擁立の背後には中国による情報工作があった」との見方に全面的に与《くみ》するわけにはいかないが、沖縄県民のなかには〝中国による独立工作〟に脅威を感じている者が少なからずいるということであろう。

「沖縄独立論」を放置してはならない！

日米同盟を堅持するわが国に対し、中国が軍事力をもって「力による現状変更」を試みることは容易ではない。よって、中国は非軍事的手段である「三戦（輿論戦、心理戦、法律戦）」を広範囲に展開して対日優位の戦略環境を構築し、さらには情報工作などを駆使してわが国の一画に「間接侵略」を仕掛けているとみなければなるまい。すなわち、有事に沖縄に内部蜂起を画策し、「沖縄独立」を宣言させ、わが国政府の対応を混乱状況に陥れる戦略・戦術を練っている可能性がある。

現在のところ、「沖縄独立論」を唱える沖縄県民は少数だと伝えられる。しかし、中国にとって沖縄は〝垂涎の的〟であるので、経済力などを背景とする各種の働きかけにより、「沖縄独立論」を煽る可能性は否定できない。

将来、中国による尖閣諸島、南西諸島などに対する本格的な侵攻作戦が生起し、これに呼応し、平素からの工作が一挙に「混水摸魚」のように大規模な反日政府運動、沖縄独立運動として勃発することのないよう、中国による平素からの浸透工作を阻止し、沖縄住民と日本政府との一体化に留意し、「沖縄独立論」を決して放置してはならない。

第二十一計　金蟬脱殻（きんせんだっこく）密かに危機から脱出する

「金蟬脱殻《きんせんだっこく》」は「金蟬、殻《から》を脱す」と読む。この計略は蝉《せみ》が「もぬけの殻」となり、消えうせることとである。蝉は幼虫から成虫に変わる際に、金色に輝く殻を脱ぎ捨てて、それに天敵が目を奪われている隙に逃げる。殻はスケープゴートである。

現代戦術においては、敵との接触状況を維持しつつ、敵に悟られることなく、部隊主力をほかの場所に転用する「後退行動」がこの計略にあたる。

戦争や戦闘以外の領域においても、ある問題において困難な局面に陥った際に、周囲には悟られず、その問題のすり替えを行なうことで、危機から脱出する方法として利用することができる。

「金蟬脱殻」において最も留意すべきことは企図の秘匿である。つまり、相手側に気づかれないように戦略・戦術的な撤退、転換を行なわなければならない。策もなく撤退すれば、敵から追撃を受けて組織的壊滅状態にさらされる。

劉邦による包囲網の突破

西暦三世紀末の項羽《こうう》と劉邦《りゅうほう》の戦いにさかのぼる。項羽に敗れた劉邦は、激減した兵士を連れて退却した。項羽はこれを追撃して包囲した。劉邦の置かれた状況は絶望的であった。そこで劉邦に仕えていた将軍が、「自分が劉邦に変装し、項羽に降伏するかのようにみせかける。その隙に、劉邦が包囲網から脱出する」よう具申した。

将軍は約二千人の女性たちに兵士の格好をさせた。夜明け前、武装した女たちは、町の正門から出撃し、戦闘陣形をとった。項羽は、この動きにすばやく反応し、陣形を整えて戦闘態勢に入った。まさに戦闘が始まろうとした時に、劉邦に変装した将軍が、項羽軍に降伏の合図を送った。項羽軍の兵士は、歓喜の雄叫びを上げ、大喜びした。兵士が浮かれている隙に、劉邦は三〇人の騎兵隊を引き連れて、町の東門から脱出した。

中国、米国報道を「金蝉脱殻」と評価

二〇一一年五月一日、米国報道機関は「オバマ米大統領がオサマ・ビンラディンの死亡を認めた」と報じた。その二日後、中国報道機関は、この報道を、「米国は『金蝉脱殻』の計略を用いた可能性がある」と指摘し、「オサマ・ビンラディンがふたたびアルジャジーラに登場しなければよいが」と皮肉交じりに報じた。

実際にはオサマ・ビンラディンは死亡していたが、米国はアフガニスタンに介入したことで、ベトナム戦争のような〝泥沼〟にはまり、経済的な痛手を受け、経済再建のためにアフガニスタン撤退の口実を探していた。

そこで「9・11同時多発テロから一〇年を前に、米国がオサマ・ビンラディンの死亡を喧伝し、これを口実にアフガニスタンから撤退を謀ろうとしている」と中国側は分析・評価したのであろう。

こうした分析は、中国が自らにとって都合が悪くなれば、「金蟬脱殻」を発動して苦境を脱してきたことの証左といえよう。

タックス・ヘイブンと中国

二〇一六年四月、「パナマ文書」が露呈し、世界各国の資産家による資産隠しが大きな問題となった。タックス・ヘイブンを利用したとみられる法人、個人の数は中国および香港が突出している。習近平などの国家最高指導者の親族も租税逃れしたことが指摘され、それに関する情報統制に躍起になっているようだ。

そもそも同文書が出る前から、中国指導者は親族を外国に居住させ、外国戸籍を取得し、海外に膨大な資産を隠し持っていると指摘されている。これは、愛国主義を強調してあたかも中国に忠誠を誓うふりをしつつ、その実は中国が混乱、崩壊した時に備えて、密かに〝高飛び〟するための「金蝉脱殻」の準備と思われても仕方がない。海外に拠点を築き、いつでも外国に脱出する用意のある中国高官は「裸官《らかん》」と呼ばれている。

国民の政権批判を回避するために反日教育

中国共産党は一党独裁で、国民の人権などには歯牙《しが》にもかけない強権体制なのだろうか？いや実態はそうではない。

選挙という国民の審判を経ていない中国共産党は、中国を建国した唯一無二の党であるとの正統性と、共産党のおかげで豊かで強い大国になったと国民から評価されること、すなわち共産党が政権を保持し続けることの正当性を確保することに躍起である。だから、国民の共産党に対する不満に対しては、中国共産党は極めて敏感であり、そのため国民の不満を回避する戦略・戦術、すなわち「金蝉脱殻」が駆使されることになる。

中国は現在、世界第二位のGDPを誇る経済大国に成長した。ただし、その足取りは順調ではなかった。激烈な内部闘争を繰り返し、それに絡んだ反対派に対する大粛清や、合理性を欠いた大躍進政策と文化大革命による国家発展の逆走など、多くの失政を重ねてきた。

こうした数々の失政を隠すために、中国は、ことさらに抗日時代の歴史教育を熱心に行なっている節がある。一九八五年の「反ファシスト勝利四〇周年」では、街頭に日本軍による虐殺の生々しい写真が多数掲げられた。これは胡耀邦・総書記が文化大革命に対する評価を見直そうとしたことで党内が分裂、胡総書記の「見直し論」を封じるため、あえて抗日時代の残虐な写真を大衆に見せ、大衆の目が、党による残虐行為に対して向かないように、抗日歴史教育を隠れ蓑として利用した可能性がある。（杉本信行『大地の咆哮』）

一九八九年の天安門事件は中国共産党の安危《あんき》を脅《おびや》かす衝撃的な事件であった。上海の治安維持に成功した江沢民はその後、大抜擢され、総書記に就任することになる。しかし、中央政界に地盤を持たない江沢民には多くの政治ライバルとの権力闘争に勝利するという課題があった。国民に対する共産党批判が高じて、天安門事件が再発するようであれば、彼の政治生命は直ちに抹殺されただろう。

そこで、江沢民は国民の共産党批判を回避するため、反日教育をもって愛国教育を行なった。高まりつつある国民の共産党批判、ソ連邦崩壊による共産主義の魅力喪失という状況に際し、反日教育という「金蟬」を国民の目にさらすことで危機を脱したわけだ。

弱腰批判の回避が対日強硬策に駆り立てる

現在、習近平は「トラ（党幹部）もハエ（末端の党員）も取り締まる」と豪語して、汚職・腐敗に関与した要人の摘発を続けている。もちろん汚職・腐敗の取り締まりは、経済成長が鈍化するなかで富の適正な配分を目指す、という目的がある。他方、これが、「習近平が汚職・腐敗の取り締まりを利用して党内の権力強化を図っている」との見方もある。

逆に国民の共産党批判を回避して、共産党の求心力を高める、あるいは共産党内部の失政を国内外から見透かされないための「金蝉脱殻」の可能性もある。

現在の習近平の政権運営は危うい。これまでのような高度経済成長は望めず、貧富の格差、失業者の増大、共産党の求心力の低下など不安定要因は容易に解消できそうもない。

習主席が「戦いに勝利する軍隊にする」など勇ましい発言を繰り返し、迷彩服姿で統合作戦指揮センターに現れ（二〇一六年六月二〇日）、「軍事委統合作戦指揮総指揮」という新たな肩書きを伝えたことなども、苦しい政権運営の裏返しとみられる。

習近平政権にとって最も留意すべき対象は米国でも周辺国でもない。実は、国内の政敵や国民の視線なのである。さまざまな社会問題の高まりによって、国民の反政府批判は高まっている。政敵がこうした状況を利用し、習政権の失政の口実にして、自ら権力の拡大を狙う可能性も排除できない。

中国の内政が引き起こす強硬外交に注意せよ！

中国では「外交は内政の延長」といわれる。国民不満の矛先を転化し、政敵に対して批判の口実を与えないために、また権力闘争に勝利するために、習政権は汚職・腐敗の撤廃を利用する一方で、主権・領土を高らかに主張し、対外強硬策を採用して大国としての存在をアピールする必要がある。そうしなければ求心力が保持できないのである。

国民から「弱腰政権」とのレッテルを貼られることだけは、是が非でも回避しなければならない。とくに日本に対して安易な妥協は、対日融和策をとった胡耀邦の失脚の歴史が示すように、一挙に政権崩壊を招くため禁物である。中国共産党が不安定になればなるほど、国民の共産党不満が高まれば高まるほど、対日外交が強硬になることに、我々は留意しなければならない。

第二十二計 関門捉賊（かんもんそくぞく）十分な戦力をもって包囲撃滅する

「関門捉賊《かんもんそくぞく》」は「門を関《と》ざして賊を捉《とら》う」と読む。これは軍事的には敵の退路を遮断し、敵を包囲して完全撃滅する計略である。

この計略は、我が敵よりも十分に優勢であり、弱小な敵を確実に包囲撃滅できる好機にあることが必要条件となる。

敵を殲滅する十分な戦力があるのにもかかわらず、機を失して敵をみすみす逃がしてしまい、敵が息を吹き返しては、将来禍根を残すことになる。

『孫子』では、「敵の十倍の兵力があれば、包囲して殲滅せよ」と説く。十分な兵力を保有していれば、機を逸せずに徹底的に包囲殲滅することが有利なのである。

敵を完全に服従させるために、捕らえてもあえて逃がす「欲擒姑縦」とは対局にあるのが本計略である。

秦の猛将が「関門捉賊」を発動

西暦二六〇年にさかのぼる。秦《しん》の猛将である白起《はくき》将軍は秦軍五〇万人を率いて、趙《ちょう》軍四五万人と戦っていた。白起将軍は逃げるとみせかけて、趙軍を誘致導入し、敵の退路を遮断し、趙軍を完全に分断・包囲することに成功した。趙軍にはまったく兵糧が届かなくなり、四〇万人という膨大な兵士は秦の捕虜となった。

しかし、秦には捕虜に食わせる食料がなかったので、捕虜が反乱を起こすのを警戒した。だからといって、秦が趙との取引に応じて、捕虜を趙に返せば、趙はふたたび力を蓄えて復活する恐れがある。そこで白起は捕虜を自国の奴隷とはせず、数百人の少年兵を除く全員を連れ出し、ことごとく生き埋めにして殺してしまった。結局、趙は多くの兵士を失うことになり、急速に弱体化していった。

能力が上回れば中国は攻撃を決断する

中国の軍事戦略は基本的には防勢的であるが、一方で攻勢的でもある。毛沢東の「十六字決戦戦術原則」では「敵進我退、敵駐我擾、敵疲我打、敵退我追」（敵が進めば我退く、敵が駐屯すれば我擾乱《じょうらん》する、敵が疲れれば我打つ、敵が退けば我追撃する）と説く。つまり、有利に転じた場合には攻勢に転じることを主張している。

中国の武力併合と軍事衝突の歴史

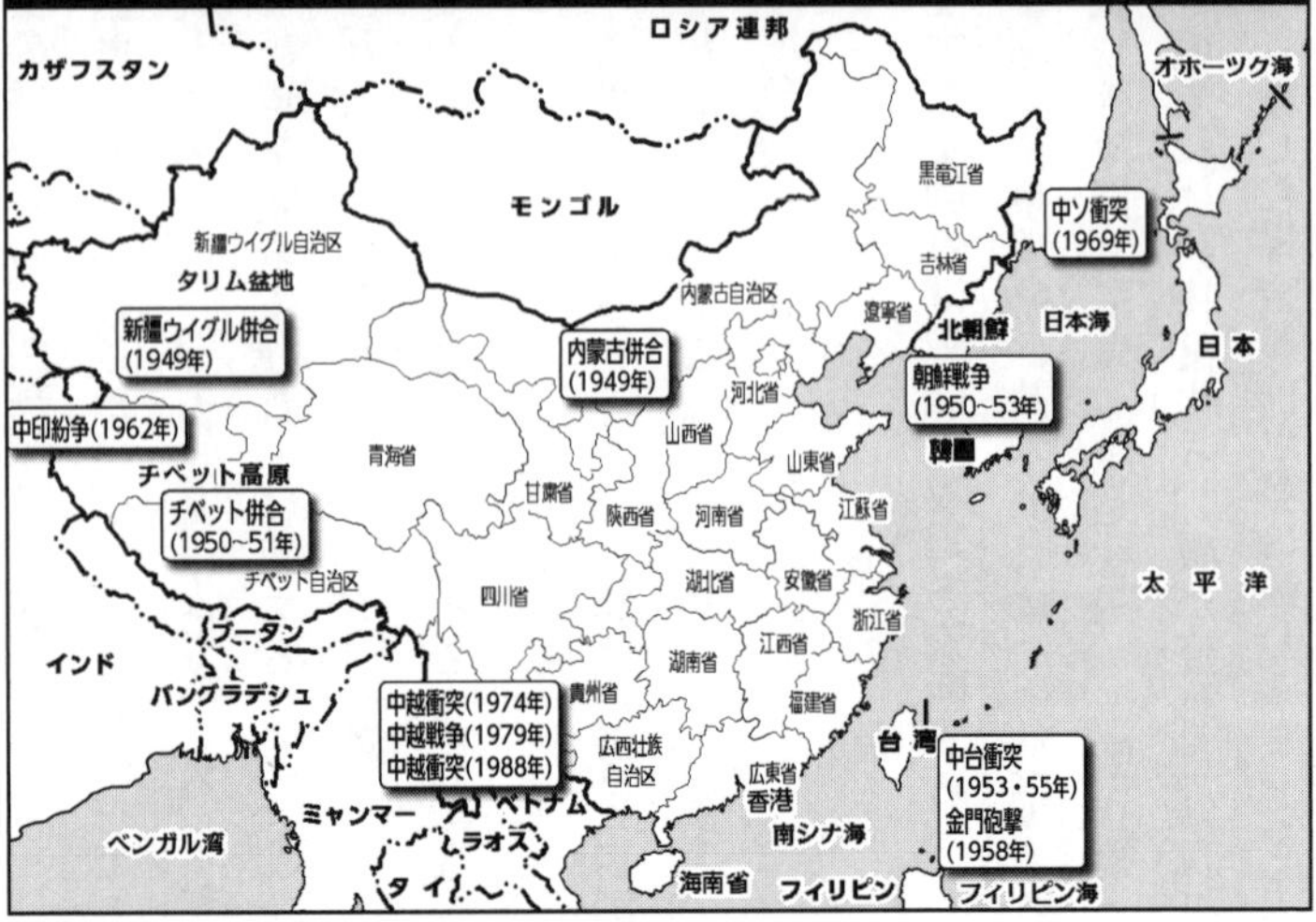

実際、中国は「積極防御」の軍事戦略の名の下で格下と認める相手に対しては、しばしば軍事力を行使してきた。一九六二年の中印国境紛争、七四年の西沙諸島の争奪、七九年の中越戦争、八八年の南沙諸島奪取などは、中国が主導的に軍事力による現状変更を行なったものである。

中国の軍事戦略は、平時においては「戦わずして勝つ」という『孫子』の不戦主義に基づき諜報・謀略戦を重視しつつ、自らが態勢を有利に持ち込む。そして、自らが有利と判断した場合には一気呵成に攻勢に転換する。この点は十分に考慮する必要がある。

つまり、米国のような強大な敵に対しては、中国は基本的には防勢戦略を採用するが、現在の南シナ海への進出状況に象徴されるように、劣位にあるＡＳＥＡＮ諸国の戦いでは一気呵成に攻め、実効支配を拡大するということである。

これは、中国が将来的に十分な軍事能力を保有した場合、台湾に軍事侵攻作戦をとる、わが国の南西諸島などを侵攻する、といった選択肢を排除しないということなのである。

最大の課題はＡ２ＡＤ戦略のための能力強化

中国が台湾を軍事的に統一するための最大の課題は、米軍の来援を阻止するＡ２ＡＤ（接近阻止、領域拒否）戦略のための能力強化である。

そのため、中国は作戦海域となる第一列島線から第二列島線における米空母機動部隊の行動を拒否し、第一列島線内の海上・航空優勢を確保することを狙っている。そのため、潜水艦の作戦能力の強化、弾道ミサイルおよび巡航ミサイルの配備強化、戦闘機の行動半径の拡大と空中給油能力の構築などを戦力増強の重点としている。（次頁図参照）

つまり台湾を〝袋のネズミ〟状態にして「関門捉賊」による軍事侵攻を可能とする戦力の構築を目指しているのである。

中国の海上防衛戦略と第1・第2列島線の意義

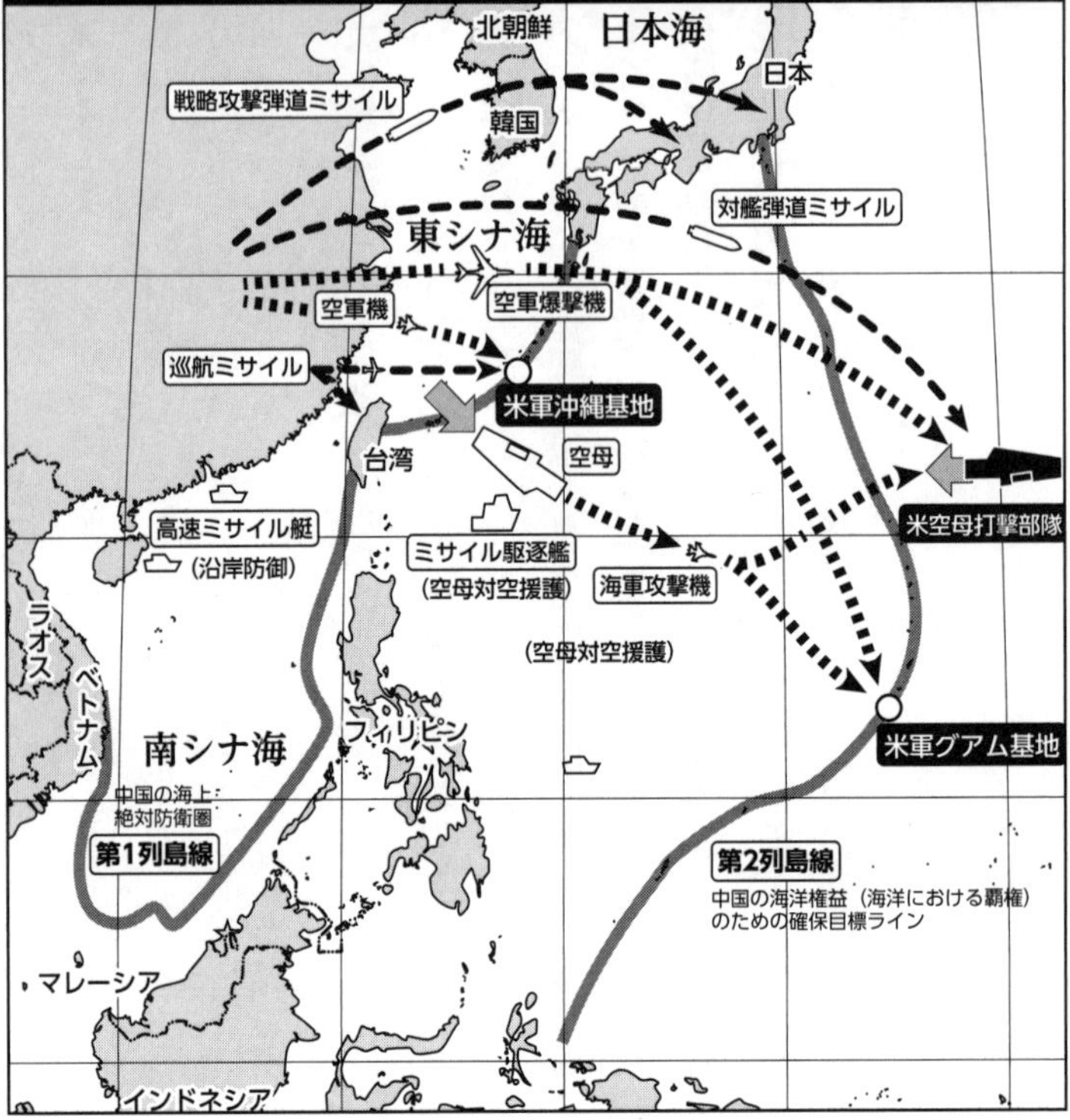

中国の軍事力整備に注意せよ！

　現段階では、中国が十分な着上陸侵攻能力を保有することも、米空母などの領域侵入を阻止することも当面は困難であろう。

　したがって、中国は政治的な宣伝や経済力を駆使して、台湾当局による独立宣言を威嚇し、米国による台湾支援を遮断し、その間に「関門捉賊」に打って出るための軍事力を構築しようとしている。

つまり、サイバー、特殊作戦、戦略・戦術ミサイルの開発、対衛星兵器の開発など、各種の非対称作戦能力の強化を図りつつ、逐次に総合戦力の構築を長期的に目指しているのである。

総合戦力の構築には長期間を要するとみられるが、中国を侮ってはならない。中国の軍事力は着実に強化されており、その急激な能力向上には十分な注意が必要である。

第二十三計 遠交近攻（えんこうきんこう）遠くの国と同盟を結び、近き国を攻める

「遠交近攻《えんこうきんこう》」は「遠きと交わり、近きを攻める」と読む。これは戦国時代の外交戦略であり、遠くの敵を攻撃するのは補給線が延びて大変であるので同盟を結んだ方がよい。遠くの国と同盟を結んで近くの敵を攻撃すれば、敵の勢力は分散できるので有利に戦いを進めることができる、というものである。

一九〇二年、わが国はイギリスとの間に日英同盟を締結した。これは膨張するロシアの脅威に対抗するための典型的な「遠交近攻」の策であった。これが明治三八年の日露戦争の勝利に大きく貢献した。このように「遠交近攻」は、目的に合致すれば予想以上の成果を得ることができるのである。

范雎が「遠交近攻」を提唱

戦国時代の中国は七つの諸国に分かれて互いに覇権を争っていた。軍師の范雎《はんしょ》は諸国を遊

説し、当初、魏《ぎ》の大夫《だゆう》に仕えたが、大夫から「異心あり」と疑われたので、秦《しん》に逃れて昭襄《しょうじょう》王《おう》に仕えた。

昭襄王は天下統一の野望を持ち、近隣国の韓《かん》・魏と同盟して遠国の斉《せい》を攻めようとしていた。そこで范雎は「遠い国を攻めて領地を奪っても、そこは飛び地となるから守るのが困難です。それよりも遠い国とは同盟を結んで近隣国を攻めれば、その国を滅ぼして領地としても我が国から近いので守るのは容易です」と進言した。

昭襄王は「もっともだ」と思い、范雎の進言を聞き入れ、遠方の斉・楚《そ》と同盟を結び、近くの韓・魏・趙《ちょう》を攻めた。やがて秦は六国を平定して天下統一の野望を達成した。

日本とインドの関係強化を「遠交近攻」と非難

尖閣諸島問題をめぐって日中対立が激化しているなか、二〇一二年一月、野田総理（当時）がインドを訪問した。中国は早速反応し、『中国ネット』で、「日本がインドに対する武器売却を通じて『遠交近攻』の策を狙っている。二〇〇八年に日・印両国が安全保障分野の共同宣言に調印して以来、軍事分野での協力が活発になっている。これは典型的な『遠交近攻』だ」などと報じた。

現在の安倍総理もインドに対しては積極的な関係強化を図っている。このほか、安倍総理は「積極平和主義」と「地球儀俯瞰外交」を掲げ、第二次安倍政権発足から約二年間で約五〇カ国を訪問し、のべ二百カ国以上の首脳会談を行なった。二〇一四年七月一日『中国ネット』では安倍外交に対し「中韓両国との関係が氷点下に落ち込み元首会談の目処が立たない一方で、安倍総理が積極的に推進する外交は『遠交近攻』の陰謀だ。『地球儀外交』は失敗する」旨の社説が掲載された。

こうした反応は中国が「遠交近攻」を常套手段としていることの裏返しといえよう。

対パキスタン外交は典型的な「遠交近攻」

中国は特定の同盟や陣営を作らない「全方位外交」を標榜している。ただし、その時々の世界情勢に応じて、どの国を重視するかが決められ、歴史的な知恵である「合従連衡《がっしょうれんこう》」（戦国時代に強大な秦と周辺六カ国がとった外交政策）的な手法がとられている。

中国は近年、G20、APEC、ASEAN、上海協力機構などの多国間の枠組みに参加するようになった。しかし、南シナ海の領有権問題は「二国間の固有な問題」として位置づけ、二国間外交を基本路線としている。

ASEANの結束と米国をこの問題に関与させることで中国を牽制しようとするベトナム、フィリピンなどに対して中国は、南シナ海に直接的利益を有さないラオス、カンボジア、ミャンマーなどに対し、経済支援という〝アメ〟をぶらさげて、ASEANの結束の切り崩しに躍起になっている。
一方で中国は、パキスタンと伝統的な友好関係にある。一九五六年に中・パ両首脳の相互訪問が開始され、六〇年代に中・印が国境問題やチベット問題をめぐり数度にわたる衝突を繰り返すなか、中・パ関係は確実に強化された。

パキスタンはインドとの間に宗教・政治・軍事上の対立がある。中国はこうした状況を利用して、インドに対する戦略的牽制の価値をパキスタンに求めている。

中・印が衝突するたびにパキスタンは中国を一貫として支持した。中国はパキスタンを味方につけることで政治的に有利に立った。

近年、アフガニスタン問題をめぐり、米国とパキスタンとの関係が希薄になるなか、中国はパキスタンとの戦略的友好関係を強化してきた。一方のパキスタン側も「中国との関係は最も重要な戦略的関係だ」と宣言することを憚《はばか》らなくなった。

現在、パキスタンのグワダル港の整備支援、同国の原子力・水力発電所建設の支援、中国とパキスタンを結ぶ陸上ルート「カラコルム・ハイウェー」の改修工事、空軍の共同訓練の実施、中国製武器の輸出および武器の共同開発などの分野で、中国はパキスタンとの関係強化を図っている。

このように中国による対パキスタン外交はまさに伝統的な「遠交近攻」の実践である。

「遠交近攻」をグローバルに展開

「遠交近攻」は対パキスタン外交にはとどまらない。もともと中国はグローバルに「遠交近攻」を展開した歴史がある。その際の理論的根拠となったのが「国際統一戦線」である。（176頁参照）

中国は六〇年代、米ソ両超大国から侵攻されるという脅威認識を持つに至るが、毛沢東はアジア諸国のみならず、アフリカ、南米を米帝国主義と社会主義陣営の中間に位置する「中間地帯」に分類し、これら諸国と「統一戦線」を組み、連携して両国を牽制する戦略に出た。これが「国際統一戦線」である。とくに米国に対しては、南米という米国の〝裏庭〟から対米牽制を画策した。まさに「国際統一戦線」こそが、第二十三計「遠交近攻」の応用といえる。

一九九七年一〇月、江沢民・国家主席が初訪米した。最初の訪問地にハワイ・真珠湾のアリゾナ記念館を選び、日本の攻撃で戦死した米兵士に献花し、州知事主催の晩餐会では「中・米両国はともに手を携えて第二次大戦でファシズムと戦った」と述べた。

これは米国を〝友〟として「国際統一戦線」を形成し、日本つぶしにかかったとみるべきであろう。鄧小平が一九八〇年代以降、仮想敵を想定する外交から自主独立の平和外交路線に転換したというものの「国際統一戦線」の発想はいささかも衰えてはいなかったのである。

歴史認識問題で反日連携を画策

中国は歴史認識問題を梃子に世界に対し反日宣伝を繰り返している。ここにも「国際統一戦線」の発想と、「遠交近攻」の計略が応用されている。

中国は日中歴史認識問題を発信するため、米国を中心に海外反日組織を形成してきた。一九九二年、米カルフォルニアにおいて日本の侵略を非難する「抗日戦争史実維護連合会（抗日連合会）」が結成された。

抗日連合会は現在も二年に一度の割合で研究会を開催している。二〇一四年一一月の研究会では、『ザ・レイプ・オブ南京』の著者で中国系米国人ジャーナリスト、アイリス・チャン（故人）の精神を踏襲し、南京大虐殺における日本軍の蛮行を宣伝する教材、ビデオなどを制作し、普及を計画していくことを確認した。

二〇一五年八月、中国以外の初の抗日戦顕彰記念館となる「海外抗日記念館」が建設されたが、同連合会はこの建設を主導した。

こうした反日組織の活動の背後には中国の資金援助と、米議会などにおけるロビー活動などが功を奏してきたとみてよいだろう。これも遠くの国と協調して近くの国を攻撃する「遠交近攻」の応用といえる。

日本も中国に負けず広報・宣伝を強化せよ！

習近平政権はさらなる「国際統一戦線」と「遠交近攻」の策を図ろうとしている。二〇一四年三月、習はドイツを訪問した。この際、中国はベルリンのホロコースト記念館への視察を打診した。これはドイツ側から断られたが、「ナチスの歴史を深く反省したドイツ」を賞賛し、それと対比するかたちで「軍国主義と侵略の歴史を反省しない日本」との違いを浮き彫りにする中国の狙いがあったとみられる。習は訪問先のドイツで「南京大虐殺で三〇万人殺害、日本軍国主義による侵略戦争で中国人三五〇〇万人以上の死傷者が出た」と対日批判の演説を行なった。

二〇一四年六月の習の韓国訪問でも、対日歴史批判における連携が確約された。中国は経済力を梃子に韓国およびドイツとの〝友人〟関係を構築して反日宣伝を仕掛け、わが国を世界の〝悪者〟にしようとしている節がうかがえる。

こうした試みに対して、わが国も広報・宣伝を強化し、積極的に中国の反日宣伝に立ち向かう必要があろう。

第二十四計 仮道伐虢（かどうばっかく）目先の利益を大義名分で獲得する

「仮道伐虢《かどうばっかく》」は「道を仮《か》りて、虢《かく》を討つ」と読む。虢は春秋時代の小国である。これは小国が他国の攻撃を受けて救援を求めてくるような窮状に乗じて小国を併呑《へいどん》する計略である。この計略を成功させるためには相手側に賄賂を与えて油断させるなどの方法がとられる。

本計略の成功の要件は相手側の窮状に乗じることにある。大国が小国を併呑するのはその気になれば可能であるが、力に任せて併呑しようとすれば徹底抗戦や国際的な非難を招く。救援要請というかたちでの政治的な大義名分を得て効率よく併呑するというのが「仮道伐虢」の本質である。

虞公は欲に目が眩み領土を奪われる

春秋時代、晋の近隣には虞《ぐ》と虢《かく》という二つの小国があった。晋《しん》は虞を征服するために、まず虢を攻めようと考えた。晋の荀息《じゅんそく》は、虞の君主である虞公に名馬と玉（宝石）を贈り、虞に領土通過の許可を取り付けて虢を攻める作戦を進言した。

これに対し虞公の臣下は「わが国と虢とは切っても切れない関係にある」として、晋の申し出を断るよう進言した。しかし欲にかられた虞公は晋に領土通過を許可した。

これにより晋は労せずに虢を征服し、その三年後にまた兵を興し、虞を配下に収めた。晋の狙いは最初から虞の征服にあった。

虞公は晋の財宝欲しさに目が眩み、相手の真の企図を見破ることができず、結局は自らも晋に併呑され、手にしていた財宝ごと領土を奪われた。

ロシアが「仮道伐虢」でウクライナを支配

大義名分にはいろいろあるが、相手側が他国の攻撃を受けて窮状に陥り、救援を求めてくれば申し分ない。

一九七八年、アフガニスタンでは共産主義政党の人民民主党が政権を奪取。これに対する武装勢力が各地で蜂起し、ほぼ全土は武装勢力に蹂躙された。そこで人民民主党はソ連に対して救援を求め、ソ連は救援に応じるかたちで七九年にアフガンに侵攻した。

当時のソ連は、アミン軍事独裁政権による親ソ派共産主義政党の粛清と、イラン革命の波及による周辺イスラム諸国の雪崩式のソ連離脱を警戒し、人民民主党というソ連傀儡政権を樹立してアフガンの合法的な征服に乗り出したとみられている。

今日のロシアによるクリミア半島侵攻もこれと構造がよく似ている。ウクライナ南部のクリミア自治共和国では二〇一四年二月以降、ロシア系武装勢力が政府庁舎、議会、空港などを占拠した。こうしたなかで、クリミア議会が開催され、ウクライナ新政権を承認した自治共和国総理を解任し、親露派の新総理を任命するとともにウクライナからの「クリミア共和国」の独立とロシアへの編入を求める決議を採択した。ロシアのプーチン大統領は、「クリミア共和国」の主権とロシア編入要請を直ちに受諾し、「ウクライナおよび『クリミア共和国』の社会・政治情勢を正常化する」と称して軍隊を派遣した。

ロシアは認めていないが、活動を起こしたロシア系武装勢力はロシア軍特殊部隊との指摘もある。つまり、ウクライナで進展する「脱ロシア化」を危惧し、戦略的要衝であるクリミア半島の支配を失わないために、ロシアは特殊部隊を同地に派遣して混乱状態を作為し、「クリミア共和国」を樹立し、同共和国による庇護要請という図式を実行した可能性がある。

わが国に対する自治体工作

近年の日本経済が不調な状況が長期にわたって続いたことから、わが国の地方自治体には今ひとつ活力がない。

そのためか各自治体は中国人観光客を誘致することで地域の経済復興につなげようとしてきた。二〇一〇年の中国漁船衝突事件と、一二年の尖閣諸島国有化により両国関係がキナ臭くなると、中国人観光客の数は激減した。しかし「喉もと過ぎれば熱さを忘れる」とばかり、地方を発信源とする中国人観光客の誘致運動が再び活発化している。

日本政府から十分な地域振興支援が得られない各自治体はまさに春秋時代の虢の状況にある。晋たる中国が経済利益という贈り物をアメに接近するならば、各自治体が容易に中国の誘いになびく可能性は高い。しかし、中国による自治体工作の先にある真の狙いが、わが国の主権・領土問題における優位性、すなわち虞の獲得にある。まさに「仮道伐虢」の実践なのである。

中国による自治体工作は現在、友好都市関係の構築というかたちで進められている。これは第十計「笑裏蔵刀《しょうりぞうとう》」の実践であり、中国は友好という美名のもと、地方自治体の政治にまで影響力を及ぼそうとしている。

中国は経済力を梃子に観光事業の活性化などを名目に、低価格を売りにした地方都市への国際航空便の直接乗り入れなどを働きかけている。これにより地方都市が中国経済に依存する体制が形成されつつある。

地方都市にとっては地域振興の観点から中国との直接的な関係強化は回避できなくなっており、中国による自治体工作は着実に進展しているといえよう。

各自治体は経済復興を目的に独自判断で、「船に乗り遅れないよう」にこぞって中国との関係を強化に乗り出している。中国側もそうした自治体からの要請を受けるかたちで、指導者どうしによる人的関係の構築、総領事館の開設、民間交流の推進など、国家ぐるみで地方自治体との関係強化に懸命である。

これは他方で地方自治体と日本政府との政治的離間の画策であって、地方自治体を切り崩すことで、本来の目的であるわが国領土の一角を支配し、わが国に対する間接統治の強化を目指しているといえよう。

新潟に対する「仮道伐虢」

自治体工作の最たる成功事例は新潟県に対する工作であろう。中国は、日中国交回復の「井戸を掘った人物」として田中角栄・元総理との関係を利用して田中総理の故郷である新潟県に対する関係強化を試みてきた。孔子学院の設立などの文化工作にも余念がなかった。

二〇〇九年三月、中国からの沖縄総領事館の設置要望を外務省が拒否する代償に、中国は新潟総領事館の開設を提起し、一〇年六月に万代島ビル二〇階に新潟総領事館が開設された。しかし中国はこれでは満足せず、同賃貸ビルに入居している総領事館の移転と永久の総領事館施設の建築を求めて万代長嶺小学校跡地の買収を試みた。これは住民の反対により断念したが、今度は新潟県庁周辺の約五千坪の民有地に目標を変換し、一一年一二月、中国はまんまと同地の購入に成功したという（ただし、所有権の移転は行なわれていない模様。二〇一四年五月二七日『産経新聞』）。

わが国の中国に所在する日本大使館の敷地は賃貸地であり、しかも、二〇〇八年に新築した大使館は当初の設計とは異なるということで二年間も移転をさせてもらえなかった。こうした不平等な状況にもかかわらず、中国政府への土地売却が行なわれたとするならば、「当時の日本政府、経済利益に誘導された新潟県・市は、民有地であることを言い訳に、主権防衛の責任を放棄した」との誹《そし》りを受けても仕方がない。

わが国の重要な土地がみすみす中国政府の所有物になるということは、そこに一種の治外法権が生まれ、日本政府が介入できないまま中国政府の〝好き勝手〟が行なわれるということである。たとえば、同地に通信アンテナが設置され、わが国に対する通信傍受活動が行なわれたとしても、わが国官憲が容易に立ち入り、調査することも許されなくなる。

太平洋への進出を加速する中国にとって新潟県以上に重視しているのが沖縄県であるが、この点に関しては、第二十計「混水摸魚《こんすいぼぎょ》」で述べたので割愛する。

地方自体の対中接近を統制せよ！

地方自治体による対中接近の動きを日本政府が統制しなければ、外国人選挙権の付与や在留ビザの発給要件緩和のように政治問題へと発展しかねない。外国人参政権問題は、その国の国籍を有しない外国人に参政権を付与させるというものである。すでに外国籍所持者に住民投票権を認める動きを見せる自治体も出てきている。将来的に外国人に地方選挙権が付与されることになれば、地方自治に中国の国家意思が介入し、在日米軍撤退問題などへと拡大する懸念は大きいとみられる。

やがては、わが国全体が中国による間接侵略にさらされる可能性も否定できない。わが国の主権と領土を守るため、中国が水面下で行なっている自治体工作の実態を注視し、わが国の主権・領土の侵食に対しては「断固反対」を叫ばなければならない。

第二十五計　偸梁換柱（とうりょうかんちゅう）じっくりと骨抜きにする

「偸梁換柱《とうりょうかんちゅう》」は「梁《はり》を偸《ぬす》みて柱を換《か》う」と読む。梁とは建物の水平短径方向にかけられ、床や屋根などの加重を柱に伝える材のことである。梁と柱はともに建物を支えており、「梁を盗んで柱を取り替える」とは、表面上は変わらないようにみせながら、建物を弱い構造にしてしまうことである。軍の戦闘隊形を崩す軍事用語としても用いられており、敵の急所、拠り所を攻め、「骨抜き」にする計略である。

秦の始皇帝が用いた「偸梁換柱」

紀元前二二一年にさかのぼる。秦《しん》の始皇帝《しこうてい》は「遠交近攻」の計略を駆使し、斉《せい》の国を滅ぼし、ついに天下を統一した。その際、始皇帝は武力討伐と並行して謀略、すなわち「偸梁換柱」を用いた。

当時、斉では宰相に任命された后勝《こうしょう》が国政の実権を握っていた。始皇帝は多額の金品を贈って后勝を買収した。后勝は始皇帝の要請を受け入れ、自分の部下や賓客たちを秦に送り込んだ。秦は彼らを諜報員として養成し、多額の金を与えて斉に送り返し、偽情報を流すように命じた。

諜報員は斉に帰国し、盛んに秦の強国ぶりを宣伝し、「秦と戦うべきではない、戦争はやめるべきだ」と口をそろえて反戦メッセージを斉王に送った。のちに秦軍が斉の都に迫った時、斉の人民は誰一人として抵抗する者がなかった。

中国共産党を危機にさらす少数民族問題

中国の安定を著しく損なうおそれのあるのは民主化運動と少数民族による分離独立運動である。

中国には五五の少数民族がいる。少数民族の居住地はチベット、蒙古《もうこ》、新疆《しんきょう》など五つの自治区、延辺《えんぺん》朝鮮自治州など三〇の自治州、一二〇の自治県に分かれている。これらの総人口は中国全体の約一割にすぎないが、それでも一億人を超えている。

さらに少数民族の居住地域は中国全土の六割を超えている。つまり、中国共産党にとって少数民族問題の対応を誤れば、たちまち政権は危機に瀕することになる。

現在、少数民族問題でもっとも注目されているのがチベット族と新疆ウイグル族である。

両民族の分離独立運動は水面下でくすぶり、時折、間欠泉のように重大な治安問題となって表出する。

前述のとおり、香港に対する「一国二制度」の実態は中国共産党の傀儡政権である香港行政府による間接統治である。（145頁参照）

表面上は「高度な自治」を保障し、香港の政治状況が返還前と何ら変わらないように対外的にみせながら、中身は中国共産党の影響力を強化する。これは「偸梁換柱」の実践といえよう。

少数民族の統治についても「偸梁換柱」の側面がうかがえる。少数民族地域はもともと独立国であったものが清王朝時代に併合された。したがって清王朝の崩壊とともに分離・独立するのが自然の流れであったが、建国後の中国共産党が力による併合を行なった。かくして建国後まもなく内蒙古、チベット、新疆ウイグルが併呑された。

中国の少数民族統治は「民族区域自治制度」を採用している。これは「連邦制」とは異なり、少数民族が独立して自治を実施するものではなく、少数民族地域を統治する地方政府が一定の自治権を持つというものである。すなわち、中国共産党の管轄下にある地方政府による間接統治である。

地方政府のトップや主要役職は漢族がほぼすべて握っており、少数民族による政治への参画は限られている。

チベットおよび新疆ウイグルに対する「偸梁換柱」

中国当局によるチベット統治は一九五一年から開始された。当初は、人民解放軍が駐留し、軍による共産党支配体制を開始した。その一方で、「チベット仏教の信仰や風習には干渉しない」「チベット語の教育は奨励する」「僧院は保護する」といった「高度な自治」を与えることを確約した。しかし、いつのまにか「チベットは歴史的に中国の不可分の一部である」との対外宣伝を強化し、チベット仏教の真髄である「活仏転生《かつぶつてんしょう》」(高僧が亡くなると生まれ変わりを探す制度)を中国の許認可とする法律を施行して、チベット仏教を完全に統制した。

チベット族の抗議デモに対しては、治安機関と情報機関を活用し、暴力的な弾圧まで加えているという。チベット族の子弟に対する教育は中国語で行ない、毛沢東主義の学習教育も義務付けた。漢族男性に対して多額の補助金を与え、チベットへの大規模な移住政策を推進し、チベット族女性との婚姻を奨励している。反対に漢族女性とチベット族男性の結婚は事実上禁止している。その結果、チベット自治区の人口は漢族七五〇万人、チベット族六〇〇万となり、チベット族はマイノリティになってしまった。

さらに新疆ウイグル自治区のイスラム族についてもチベット同様の状況がみられる。中国は建国後直ちに新疆の統一に乗り出す。一九五二年に人民解放軍を建設兵団として派遣し、開墾と辺境防衛任務を与えた。これらの部隊には五四年に「新疆軍区生産建設兵団」の名称が与えられた。

一九五五年にウイグル自治区が設置された。その後ずっと共産党の息のかかったウイグル人を使って間接統治を継続してきた。七〇年代に南疆鉄道が敷設されると、漢族は石油、天然ガス、ウランなどの希少金属を求めて、新疆ウイグル自治区に大量移入を開始する。これに加え人民解放軍も投入され、新疆ウイグル自治区の人口はウイグル人一五〇〇万人に対して漢族二〇〇〇万人となり、ここでもウイグル人がマイノリティとなった。

結婚適齢期のウイグル人女性を都市へ移住・就労させる運動が二〇〇六年から開始された。青少年は無償での国内留学の機会が与えられるが、国内留学の実態は中国語学習と漢族伝統文化の学習でもある。こうして新疆ウイグル自治区においては、「高度の自治容認」という大義名分の下で、実際には、少数民族の尊厳や精神文化を破壊し、自尊心を喪失させる「偸梁換柱」の計略が進展しているのである。

わが国に対する「偸梁換柱」にも注意せよ！

中国の「偸梁換柱」は当然わが国にも仕掛けられている。日本の政治家・マスコミ・企業がわが国の国益ではなく中国の利益誘導によって動く事例や、日本人としての心根を失っているとしか思えない一部政治家の仰天発言もある。

こうした根本原因は日本人としての愛国心の欠如にある。それは歴史教育の杜撰さが原因と思われる。第二次大戦後、わが国は意識的に「愛国心」を育む施策を回避してきた。そのつけが回ったのかもしれない。

中国では毎日国旗が掲揚され、愛国心教育が小・中学校から行なわれている。こうしたなか、わが国が〝いかさまの民主主義教育〟のもとで歴史教育を怠り、逆に自虐史観の扶植が行なわれるのであれば、中国による「偸梁換柱」により、わが国民の「精神的骨抜き」状態が進展する危険性があろう。

第二十六計 指桑罵槐（しそうばかい）あえて別のものを攻撃する

「指《し》桑《そう》罵《ば》槐《かい》」は「桑《くわ》の木を指して槐《えんじゅ》の木を罵《ののし》る」と読む。桑はカイコの餌であるが、槐は庭の木であり、別の種類の木である。

この場合、本当に批判したいのは桑ではなく、槐である。「指桑罵槐」とは、本当の怒りの対象とは別のものを攻撃することをいう。

中国人社会は因果関係が重視され、誰かをあからさまに罵倒して批判すると相手の一族から大きな恨みを買う。それを避けるために、その相手を連想させる別のものを罵倒し、誰かが自分の意を汲んで相手を打倒するよう仕向けるのである。

兵士の士気を高めた司馬穰苴の「指桑罵槐」

春秋時代、晋《しん》・燕《えん》連合軍に攻め込まれ、敗北した斉《せい》は、事態打開のため司馬穰苴《しばじょうしょ》を司令官に抜擢した。司馬穰苴は君主の景公《けいこう》に対し、「私は身分が低いので、君主の忠臣で人民から尊敬されている方に軍の監督官として来ていただきたい」と願い出た。そこで、景公は寵臣の荘賈《そうか》をその任にあたらせた。

司馬穰苴は荘賈と翌日の正午に軍営で会う約束をした。しかし、荘賈は親戚や友人との送別会で酒を飲み、軍営に来たのは夕方だった。

司馬穰苴は激怒し、「将、軍に在っては、君命も受けざる有り」という有名な言葉を残し、荘賈を許すよう進言した景公からの使者を追い払い、軍法を盾に即座に処刑した。

兵士はみな震え上がったが、その後、司馬穰苴は兵士を大切にしたので、兵士の士気は見違えるほどに高まった。晋・燕連合軍は斉の兵の士気におそれをなし、退却を始めた。司馬穰苴は退却する両軍を追撃して、占領されていた土地を奪回した。

司馬穰苴は兵士という「桑」の代わりに、荘賈という「槐」を罵ることで、兵士の気持ち引き締めたのである。

「指桑罵槐」は中国の伝統文化

中国にはプロパガンダの伝統文化がある。それが「指桑罵槐」である。

一九七〇年代の文化大革命の末期に中国全土で展開された「批林批孔」、つまり林彪と孔子に対する批判は「指桑罵槐」の典型であった。

この運動が展開された当時、林彪はすでに死んでいた。よって攻撃の主たる対象は孔子ということになるが、孔子も「桑」であり、「槐」は別にいた。孔子から連想される「槐」が主敵であり、それは人民から「大儒《たいじゅ》」と慕われていた周恩来であった。

つまり、文革四人組は、毛沢東夫人の江青を毛の後継者にするために、周恩来の打倒を狙って「批林批孔」を展開したのであった。

歴史教科書問題の背後に潜む思惑

一九八二年六月二六日、わが国の社会科教科書の検定で文部省が「侵略」を「侵出」に書き改めさせたとして、中国外交部がわが国に抗議した。これが外交問題に発展したのが歴史教科書問題である。

一九八二年八月二日の『解放軍報』は「今回の教科書問題で日本の野望が明確になった。日本はふたたび中国を侵略するつもりである」との記事を掲載した。これに関して岡田英弘・東京外国語大学名誉教授は「中国マスコミが日本批判を繰り広げている陰で糸を引いているのは人民解放軍の長老であり、その長老が本当に攻撃したかったのは鄧小平であった」との見解とともに、これが中国の伝統的な「指桑罵槐」であると指摘した。岡田教授の分析は以下のとおりである。

文化大革命によって軍の影響力が強くなり、彼らの意思を無視しては何も決められない状況を鄧小平は警戒していた。

鄧自身は人民解放軍の第二野戦軍の出身であり、軍人との間には太いパイプを有していた。しかし、その後継者と目されていた胡耀邦には軍歴がなく、軍を掌握できそうもなかった。

そこで鄧は共産党内で最も強力な権力機構となった党中央軍事委員会を廃止し、国家軍事委員会に権限を移管することで軍を統制下に置こうとした。これに対して、当時、総参謀長であった楊尚昆《ようしょうこん》をはじめとする軍長老が、日本の教科書問題を利用して反日キャンペーンを展開し、鄧に揺さぶりをかけた。

その結果、中央委員会第七回総会で「党中央軍事委員会を廃止しない」ことが決定され、人民解放軍の勝利が決まると中国メディアの日本批判は完全に消え失せた。（岡田英弘『妻も敵なり、中国人の本能と情念』）

また岡田教授は、一九九六年一月の台湾に対するミサイル危機や九七年の反日愛国教育についても、軍部や政権ライバルからの突き上げ、国民による共産党批判が高まるなか、江沢民が自らの権威づけと政権闘争に勝利する目的で仕掛けたとの見方を示している。

当時、江沢民は、喬石《きょうせき》、劉華清《りゅうかせい》、張震《ちょうしん》らの党・軍部の反対勢力が乱立するなかで、鄧小平の威光によりかろうじて政権を維持できていたとみられているから、こうした権力闘争が反日キャンペーンに転化した可能性はある。

反日キャンペーンの背後に権力闘争

一九九五年八月、日本政府が中国の核実験に抗議し、ODA無償援助の凍結を決定した。中国においては、ODA無償援助は戦時賠償とも受け取られていることもあって、これを契機に反日感情が高まった。九六年には大々的な反日キャンペーンと日本大使館に対する抗議デモが行なわれた。

これについても、党指導部の権力闘争が反日デモに姿を変えたとの見方がある。当時すでに鄧小平の死期は近く、一九九七年の第一五回党大会を睨み、ポスト鄧小平をめぐる江沢民派と反江沢民派の間で激烈な権力闘争が行なわれていた。

結局、江沢民が「七〇才定年制」という独自の理論によって喬石および劉華清らの反対派を排除し、党内の指導権と軍部を掌握し、権力闘争に勝利した。

その勝利の影で、国内における権力闘争から国民の目をそらし、政権を安定させるために、日本の無償援助凍結問題を巧みに利用し、反日キャンペーンを組織した可能性が考えられる。まさに日本を「桑」として、政敵を「槐」として攻撃することで、指導部は危機を脱

2010年10月、武漢でも反日デモが発生。数万人規模に及ぶ大規模な反日デモは中国指導部も統制が困難である。（アフロ）

出したのである。

二〇〇五年の反日デモについて、当時の上海総領事の杉本信行氏は「人民解放軍がデモ組織化した」との見方を示している。（杉本信行『大地の咆哮』）

これも権力闘争の類であろう。

二〇一〇年の反日抗議デモの真相

二〇一〇年九月七日、尖閣諸島沖で中国漁船が海上保安庁巡視船に衝突した。海上保安庁は直ちに漁船船長を公務執行妨害容疑で逮捕した。

事件発生二日後の九月九日、北京の日本大使館前で四〇人規模の抗議デモが行なわれた。満洲事変の契機となった柳条湖事件の七九周年にあたる九月一八日は、日本大使館前、瀋陽・香港総領事館前、深圳市において抗議デモが行なわれたが、いずれも小規模であり、抑制的であった。つまり、これらの反日抗議デモは党指導部が統制した官製デモであった。

ところが、一〇月一六日から一八日にかけて成都、西安、鄭州、錦陽、武漢といった内陸部の地方都市で、尖閣諸島領有を主張する学生らによる反日抗議デモが起きた。最大規模は一七日の綿陽におけるデモであり、参加者は約三万人まで膨張した。デモ参加者が暴徒化し、日系スーパーの店舗や日本車などが破壊された。

このデモは、中国漁船船長がすでに釈放され、日中両国の指導者が両国関係の修復を模索していたなかで生起した摩訶不思議なデモであった。

そこで、事件後に明らかとなった情報も参考にして、さらに分析を加えてみよう。

（1）デモは中国共産党五中全会の開催中（一〇月一五日〜一七日）という政治的に緊要な時期に発生した。

（2）五中全会では、前年の四中全会では見送られた習近平の党中央軍事委員会副主席の就任が重要審議事項になっていた。その五中全会で習近平は同副主席に就任し、次期国家指導者としての地位を確実にした。

（3）デモ発生場所は党中央の統制が困難で、わが国の在外公館の所在しない地方都市に限定された。

（4）デモが最も活発であった四川省は胡錦濤とは別の派閥である江沢民派の勢力圏に属していた。なかでも、デモを取り締まる公安部を全国的に統括する立場にあった政法委員会書記の周永康《しゅうえいこう》・政治局常務委員の影響下にあった。

（5）周永康は、石油・エネルギー閥として台頭し、東シナ海ガス田開発の利害関係者とも間接的につながっていた。彼は、江沢民および曽慶紅《そけいこう》の支持で石油閥から中央政界に転出し、当時の重慶市のトップであった薄熙来《はくきらい》と良好な関係にあった。二〇一二年二月に生起した薄熙来失脚事件に関連して、「薄に加担し習近平の失脚を画策していた」との噂も流された。

これらから、以下のストーリーが組み立られる。胡錦濤指導部に批判的な反対派が五中全会開催時という政治的に緊要な時期をとらえ、厳重な警戒態勢下の北京から離隔した内陸地域におけるデモを主導し、胡錦濤政権に圧力をかけた。

その狙いは、党中央指導部が対日融和へと再び舵取りし、漁船衝突事件によって振り出しに戻った白樺ガス田の共同開発交渉が再開されることを阻止しようとした。あるいは習の軍事委員会副主席の就任に何らかの影響を及ぼそうとしていた。そして、その首謀者は周永康であった。（拙著『戦略的インテリジェンス入門』）

「指桑罵槐」で中国の裏を読め！

近年の中国では反日抗議デモが周期的に発生している。これらは中国共産党による対日牽制のための官製デモの様相がみられる一方で、中国共産党は反日デモが国民の共産党批判に向かうことを警戒しているという。

なぜなら、現在の中国にはさまざまな社会不満が山積し、国民による政府批判の温床が蔓延し、それが「反日＝愛国＝無罪」という構図により、天安門事件のような反政府運動へと転化する危険性があるからだ。

さらに注目すべきことに、中国のデモにおいては、共産党内部の敵対勢力が現政権に揺さぶりをかけている可能性が指摘されている。すなわち、「内憂を外交に転化する」「権力闘争に勝利する」との政治戦略が外交戦略として表出することがある。

したがって「指桑罵槐」といった文脈から、中国がことさら激しく攻撃している行為と対象の背後に何が潜んでいるかを考察することが、対中国政策を見誤らないコツといえよう。

第二十七計　仮痴不癲（かちふてん）愚かなふりして敵を油断させる

「仮痴不癲《かちふてん》」は「仮《いつわ》るも、癲《てん》せず」と読む。これは「馬鹿になったふりをして、相手の警戒心をやわらげる」「冷静な計算の上に立って愚かなふりをして相手を油断させ、本来の目的を達成する」という計略である。

戦国武将の織田信長が奇抜な行動をして、周囲の者から「大うつけ」（うつけとは空っぽが転じて暗愚な人物を指す）と呼ばれて疎《うと》んじられることを利用して、天下統一を目論んだことは有名である。

『孫子』には「能にして之に不能を示し」という有名な句がある。

司馬仲達が「仮痴不癲」で権力を奪還

三国時代にさかのぼる。魏《ぎ》の明帝が死亡し、幼い皇帝が即位した。そこで皇朝内の名門出身の重臣である曹爽《そうそう》の勢力が台頭し、ライバルで魏王朝の重臣である司馬仲達《しばちゅうたつ》を閑職に追いやった。勢力盛んな曹爽に対し、仲達は真っ向からの対立を避け、病気と称して邸に引きこもった。

しかし、曹爽は仲達の存在が不気味でならなかった。そこで、腹心の部下に命じて仲達の様子を探らせた。使者が邸に行ってみると、下女二人に介添えされた仲達は下女が運ぶ粥を胸までダラダラとこぼしながらすすり、会話の受け答えもさっぱり要領を得なかった。

使者は帰って、この様子を曹爽に報告した。これを聞いた曹爽は仲達がすっかりボケてしまったと安心した。しかし、これは仲達の計略であった。一カ月後、曹爽が明帝の墓である高平皇陵に出向いた機会を捉えて、仲達はクーデターを起こし、権力の座を取り返した。

鄧小平が「韜光養晦」を提起

一九八九年六月、天安門事件が発生し、自らが国際的孤立に置かれ、東欧社会主義やソ連邦が崩壊するなか、鄧小平は「冷静観察、站穏脚跟、沈着応付、韜光養晦、善於守拙、絶不当頭」（冷静に観察し、足元を固め、落ちついて対処し、能力を隠し、隙を見せず、決して先頭に立たない）の「二十四文字指針」を提起した。その核心は「韜光養晦《とうこうようかい》」（能力を隠す）であり、鄧は「韜光養晦」と「有所作為《ゆうしょさくい》」（なすべきことをなす）をセットとして使った。

つまり鄧は「能ある鷹は爪を隠す」とばかりに、「自分の能力はみせず、獲れるべきものは獲っていく」「経済を中心に、安全保障面では自己主張にこだわらず、関係国との対立を回避し、この間に国力を増強する」という方針を示したのである。これも一つの「仮痴不癲」の計略とみることができよう。

続く江沢民も「韜光養晦、有所作為」の方針を継承し、経済優先路線をとった。

一方で軍事力の近代化と軍掌握の観点から二ケタ台の国防費の伸び率を認めたので、中国の軍事力は飛躍的に増大した。

胡錦濤も江路線をおおむね継承し、経済力と軍事力の強化に努めた。こうしたなか、胡錦濤は二〇〇五年頃から「和解世界」をスローガンとする対外政策を打ち出すようになった。これは対外協調に配慮するものの、大国に相応しい積極的な外交方針を打ち出し、国際的地位の向上を目指すとするものであった。これは今から思えば「韜光養晦」から脱却する一つの兆候であった。

中国は「韜光養晦」を放棄したのか？

二〇〇九年七月、胡錦濤は「韜光養晦、有所作為」から、「堅持韜光養晦、積極有所作為」に外交方針を転換した。これは、「積極」の二字の追加により積極的な対外活動を展開する方針への転換であると解釈されている。

この転換の背景には、二〇〇八年の国際金融危機（リーマンショック）を乗り越え、同年の北京オリンピックを成功裡に導いた国家的自信と、海外での利益を拡大する国有企業などの既得利益集団および海外派遣で実績を積んだ人民解放軍による「大国に相応しい国益を追求すべき」などとの主張があるとみられる。

二〇〇九年一二月にコペンハーゲンで開催された「国連気候変動枠組み第一五回締結国会議（COP15）」では、中国は「発展途上国」の代表として発言し、温室効果ガス排出規制に関する国際的な合意に、あからさまに反対した。

こうした中国の動向から、中国は「韜光養晦」を放棄したのではないかとの憶測が西側諸国でささやかれるようになった。はたして、「韜光養晦」を中国は完全に放棄したのであろうか？

たしかに、現在の習近平主席は米国に対して「新型の大国関係」を呼びかけ、グローバルな経済戦略構想である「一帯一路」構想を提唱、アジアインフラ投資銀行（AIIB）を創設するなど、中国は世界の舞台に踊り出ようとしている。しかしその一方で、中国はグローバルな政治責任を負おうとしていないとの批判もある。

中国は「責任大国」として、世界の秩序形成に大きな役割を果たそうとしているのか、それとも偏狭なナショナリズムによって自己の生存のための利益追求を画策しているのだろうか？

中国は「いまだに発展途上国である」と主張

中国はある時は自らを「責任大国」と称し、ある時は「発展途上国」と称する。

二〇一六年六月の米中戦略・経済対話においても、習近平は「中国は世界最大の発展途上国である」とケリー米国務長官に述べた。

二〇一〇年に中国の総体GDPは、わが国を追い越し、世界第二位になった。にもかかわらず中国は、「一人当たりのGDPは依然として発展途上国レベルである」との論説を用いる。たしかに、一人当たりのGDPは八〇〇〇ドルを超えたばかりであり、それは日本の四分の一にも満たない。

他方で中国は、アフリカなどの発展途上国に対して、積極的に対外援助を行なっている。そもそも中国は建国後の一九五〇年代から七〇年代後半にかけて、まさに〝貧国〟であった時代から政治目的での対外援助を継続してきた。

現在は開発援助などの名目で世界的規模での援助を拡大しているが、中国の対外援助には、自己の利益追求と政治的狙いが色濃く反映されている。

本来、対外援助は被援助国の経済開発や福祉の向上を主目的に先進国が発展途上国に対して片務的に行なわれる。しかし、中国は「発展途上国が発展途上国に対して行なう平等互恵の経済取引である」として、相手国に対して「内政不干渉」を原則とするが、逆に被援助国に対しては「一つの中国」を要求する。

また、被援助国の援助プロジェクトには、資機材・技術が中国から運ばれ、プロジェクト建設には中国人労働者が従事し、その建設の見返りに資源を獲得するという構図となっている。

このように中国は利益誘導の観点から、「責任大国」と「発展途上国」とを使い分け、都合よく自己の立場を修正している点は注目に値する。

いまも継続する対中ODA

ところで中国が「発展途上国」という立場から、わが国の対中ＯＤＡ（政府開発援助）は行なわれてきた。対中ＯＤＡは一九七九年一二月、大平正芳・総理と鄧小平との間で合意された。わが国は「贖罪意識」にさいなまれ、「戦後賠償」の肩代わりというかたちで対中ＯＤＡを続けてきた。

日中共同声明の第五項では、「中国は戦争賠償を放棄する」と謳っているにもかかわらず、実質的な「戦争賠償」として対中ＯＤＡが継続されてきたのである。二〇〇〇年五月に来日した唐家璇《とうかせん》・外交部長は「対中ＯＤＡが戦争賠償に代わる行為だ」との認識を示した。

中国が日本に対し「戦争賠償」を放棄したのは、なにも対日友好を示したのではない。蔣介石が「日華平和条約」を締結した際に賠償請求権を放棄したために、「一つの中国」を標榜する中国が、それと異なる対日政策をとれなかったためである。

そこで、わが国が戦争賠償を放棄した東南アジア諸国に「準賠償」というかたちで円借款を行なっていることに、中国は着目したのである。

中国の経済発展を理由に対中ODAのうち有償資金協力である円借款は北京オリンピック前年の二〇〇七年に中止した。中止までの累計は三兆三一六五億円、二三二件であった。

しかし無償援助と技術協力は現在も継続されている。外務省管轄分だけでも四〇億円以上、総額は年三百億円にも及ぶ資金が中国に供与されている。（『外務省ホームページ』ほか）

対中ODAに監視の目を持て！

対中ODAが間接的であれ、中国軍の近代化を支援し、わが国の脅威を形成していることは実に皮肉なことである。

尖閣諸島への領域侵犯を繰り返す中国に対し、年三百億円も「贈与」する状況が続くことの正当性があるならば、わが国政府はきちんと国民に伝えるべきであるし、我々もこの問題にもっと注目すべきであろう。

第二十八計　上屋抽梯（じょうおくちゅうてい）　敵を誘い出して梯子を外す

「上屋抽梯《じょうおくちゅうてい》」は「屋《おく》に上げて梯《はしご》を抽《はず》す」と読む。軍事的には自軍の隙をわざと敵にみせて、敵が有利であるかのように誤認識させ、自軍内部に敵を深く引き入れ、敵の物資供給および後方支援を途絶させ、逃げ道を封鎖し、敵を包囲して壊滅させるなどの作戦をいう。

この計略は、第十六計「欲擒姑縦《よくきんこしょう》」とは逆に、第二十二計「関門捉賊《かんもんそくぞく》」と同じく敵に逃げ道を与えず、完全包囲するという計略である。ただし、「関門捉賊」が強引に敵包囲の態勢に持ち込むのに対し、「上屋抽梯」には敵を利して誘うことで包囲の態勢に持ち込むという違いがある。

また「上屋抽梯」には自ら退路を遮断し、背水の陣を敷き、兵士に対して決戦の覚悟を決めさせるという意味もある。

韓信が「上屋抽梯」で敵を撃破

漢の名将、韓信《かんしん》が進軍している時に、黄河の支流で西安の北部を流れる渭河《いか》にたどり着いた。渭河の対岸には二〇万人に及ぶ第三国の軍勢が布陣し、韓信軍との臨戦態勢になった。そこで、韓信は自軍の兵士に川の水位が低くなった頃を見計らって、砂をつめた袋で堤防を作り、河の上流をせき止めるように命じた。

その翌朝、韓信は攻撃を開始した。韓信軍は水位が下がった川をやすやすと横断し、敵軍と激突したが、戦闘が始まるやいなや、韓信は自軍に退却を命じた。

敵の将軍は韓信軍が後退して行くのをみて、韓信が降伏寸前であると判断して追撃を命じた。

敵軍の半数が、水のほとんどない川の中を進んできた時を見計らって、堤防近くに隠れていた兵士に堤防を崩すように命じた。せき止められていた水が一気に濁流となり、川の途中を渡河していた敵軍の半数はあっという間に溺れてしまった。

中国による外資導入

中国は広大な土地、優秀な人材の宝庫、安価な労働力、海外へのアクセス拠点などを売りに、外資導入を進めてきた。わが国からもさまざまな企業が中国国内に工場を移転している。

中国当局は、企業を誘致する当初は、無税あるいは減免税という特典をちらつかせる。それに釣られて、外国企業はこぞって中国に進出する。

その多くは中国との合弁企業となるが、工場の建設、現地人の雇用、技術者の訓練を終えて、いざ生産開始となると、それまでの契約が突然反故《ほご》にされるという事例も少なくないようである。また労働組合が結成され、賃金値上げが行なわれ、その対応に追われることも珍しくない。運よく企業の生産が軌道に乗っても、中国当局から電気施設協力費、水道工事費などの名目で、何かと理由をつけて金銭の回収が始まるという。

なお中国の企業乗っ取りについては、第三十計「反客為主《はんかくいしゅ》」で述べる。

外国企業を政治にも利用

中国当局による締め上げは、単なる一企業の利益問題にはとどまらない。二〇〇五年の許文龍《きょぶんりゅう》事件がその好例である。許氏は台湾で有数の大企業である奇美《きび》グループの元会長である。彼は一九九六年から四年間、台湾総統府の国策顧問を務め、当時の陳水扁・総統（民進党党首）の相談役として台湾独立を支持していた。

ところが二〇〇五年に突如「台湾と中国は一つの中国に属している。台湾独立は支持しない。国家分裂法を支持する」と発言した。独立支持派とみられていた許氏の突然の翻意は国際社会で大きな反響を呼んだ。

この背景には二〇〇四年に民進党の陳水扁が再選したことに対する中国の危機感があったとみられる。許氏は、中国の企業誘致政策に便乗し、奇美グループの自社工場を中国大陸に進出させた。それに中国当局が目をつけて、工場の原材料の移入を差し止め、銀行の融資を止めるなどの圧力をかけ、工場の運営を事実上困難にしようとした。それにたまりかねた許氏が独立支持を翻意したというわけだ。

この事件を中国側の視点からみると、台湾企業に対し税金免除などの優遇策をちらつかせ、大陸に工場を誘致し、撤退しようにも撤退できない状況を作為する。そのうえで、大陸から台湾へ退却できないように〝梯子〟をはずし、許氏に対中政策の変更を強要したのである。まさに「上屋抽梯」の応用といえよう。

二〇一〇年の尖閣諸島沖の中国漁船衝突事件に際して中国河北省で「軍事管理区域に侵入し、ビデオを撮影した」として準大手ゼネコン「フジタ」の日本人社員四人が拘束された。この拘束は漁船衝突事件で中国人船長が日本側に逮捕されたことへの明らかな対抗措置であった。四人は旧日本軍の遺棄化学兵器関連事業を受注する準備のため、河北省に来ていたとされる。

さまざまなかたちで中国に進出している日本関連企業や日本人は、許氏や「フジタ」社員と同じように、中国による対日圧力手段としての人質になり得るということである。

中国の政経一体化戦略に注意せよ！

国交正常化以前の日中貿易は政治的色合いの強いものであった。現在の日中経済関係についても両国間の複雑な政治関係を無視しては語れない。（拙著『中国が仕掛けるインテリジェンス戦争』）

中国は自らが提唱するアジアインフラ投資銀行（ＡＩＩＢ）に参加するようわが国を熱心に誘った（１３３頁参照）。国際的信用力の確保と、わが国からの直接投資が欲しかったからであろう。結局、安倍政権はその参加を見送ったが、これに対し、「日本は世界の趨勢に乗り遅れた」「日本は戦略眼がない」などとして現政権を批判する野党、経済界の声も大きい。

しかし、わが国がたとえＡＩＩＢに参加し、投資を拡大したとしても、アジア諸国に対する融資やインフラ開発はすべて中国が決定権を持つ可能性が高い。そして、抜けようとすると、「日本はアジアに対して多大な歴史的犠牲を強いた。にもかかわらず、アジアの開発に積極的ではない」などと政治非難の狼煙《のろし》を上げる可能性も否定できない。

中国が経済と政治をリンクさせることは常套手段である。中国がわが国の投資を利用して、周辺国のインフラ開発を行ない、これを通じて影響力を拡大し、南シナ海などで有利な態勢を構築することを狙ってくる可能性は否定できない。

〝甘言〟を弄して関係国を言葉巧みに誘導し、抜けに抜けない状態を作り、中国の経済と政治の目的を達成する。これが中国の「上屋抽梯」である。十分な注意が必要である。

第二十九計　樹上開花（じゅじょうかいか）能力以上に見せて牽制する

「樹上開花《じゅじょうかいか》」は「樹上に花を開《さ》かす」と読む。開花することがほとんどない木の上に、別の木の花を持ってきて付けることで、あたかも花が咲いたように偽装することをいう。

周囲のさまざまな手段を組み合わせて利用することで、弱小な兵力などを大きくみせ、相手を心理的に牽制する。第七計「無中生有《むちゅうしょうゆう》」がないものをあるように偽装するに対して、「樹上開花」は弱小なものを巨大に見せる計略である。

田単が採用した「樹上開花」

戦国時代、斉《せい》は周辺の五つの国による連合軍と戦っていた。斉に対する包囲網は逐次に狭まり、斉は次第に追い詰められていった。斉軍の兵力は圧倒的に劣勢であった。通常のやり方では相手の包囲網を突破することはできず、降伏するか、餓死するしかなかった。

そこで、斉の一地方都市を指揮していた有能な将軍として名高い田単《でんたん》が起死回生の計略として採用したのが「樹上開花」である。田単は牛を兵力として用いることを考えた。

田単は、敵の兵士が眠っている頃を見計らい、牛の尻尾に結びつけた油を含んだ藁に火をつけて、その牛を町の外に放った。牛は大暴れし、敵の防御陣地に疾走した。

これに目を覚ました兵士は、見たこともない凶暴な獣に襲われていると錯覚し、多くの兵士は陣地から逃げ出してしまった。

この状況を見ていた田単は、あらかじめ待機させていた兵士を追撃部隊として利用し、敵の包囲網を突破した。この勝利がきっかけとなり、田単は失われた都市を奪取した。

「樹上開花」は中国の常套手段

「樹上開花」とは、嵩上げ、水増しの類である。ネット上では、中国野菜を汚水につけたり、マツタケに釘を入れたりして重量を増やすといったニュースがよく報じられる。

中国の経済成長についても〝水増し疑惑〟がある。中国の直轄市・省・自治区のGDP総計が、中国全体の数値を何割か上回る結果となることは珍しくないようだ。

理論上は、地方のGDPの総計は国家全体と等しいはずであるが、毎年の地方の合計と国家全体の合計には開きがあり、しかもその差は年々拡大しているという。考えられる原因として、地方政府が「業績評価につながる」として意図的に「水増し」している可能性がある。

こうした「水増し」プロパガンダは、政治や軍事の領域においても珍しくない。中国は日本軍が南京で犯したとされる殺人行為の規模について、「三〇万人以上」という科学的根拠のない数値を宣伝し、日本軍が中国大陸で非道な活動を行なったという印象を強化している。

軍事パレードも「樹上開花」？

「水増し」プロパガンダは、軍事力整備の分野においても行なわれている可能性がある。近年の中国の軍事力整備はたしかに目覚ましい。第五世代のステルス戦闘機や空母「遼寧《りょうねい》」を就役。さらには国産空母の建造までが明らかになっている。弾道ミサイル分野においても、対空母の有効兵器とみなされているDF-21Dの開発・配備が進展している。中国はこれら新型兵器の披露を通じて、近代化の成果と同時に国防技術の高さを宣伝しているのである。

二〇一五年九月三日、「抗日戦争勝利七〇年」の記念式典が四九カ国の首脳や高官、一〇の国際機関を招いて行なわれた。中国側発表では今回登場した最新兵器は戦車からミサイルまで四〇種類にのぼり、二〇〇機近い。J-15艦載機、J-10戦闘機、KJ-2000早期警戒管制機、KJ-500早期警戒機、DF-21D対艦弾道ミサイル、DF-16短距離弾道ミサイル、ＤＦ‐21を発展させたグアムを射程に収めるＤＦ‐26中距離弾道ミサイル、移動型大陸弾道ミサイルＤＦ‐31Ａ、ＭａＲＶ化（258頁参照）されたＤＦ‐5Ｂなどが披露された。

中国人の軍事専門家は「このうち、「ＤＦ‐5Ｂに最も注目すべき」とコメントした。たしかに近年の中国の軍事力の増強は著しい。しかし、だからといってこれらの〝新型兵器〟を額面どおりに評価することはできない。

中国はＪ‐11Ｂを対外的に独自の国産兵器として喧伝しているが、これはロシアから輸入したＳｕ‐27の無断コピーである。自国の最新鋭の戦闘機であるＪ‐10についてもエンジンはロシア製、アビオニクスはイスラエル製だとみられている。Ｊ‐20も、西側水準での第五世代ステルス戦闘機であるかは疑わしい。なぜならば実戦で使えるレベルまで完成させるためには、強力なエンジン、情報の送受信などのソフトウェアの実用化が必要となり、このような技術蓄積が中国にあるのかは疑わしいからだ。

空母「遼寧」についても、エンジン出力は低く、搭載機数は米空母の約半分程度、夜間における艦載機の離発着はできない。またカタパルトを持たないため、固定翼の早期警戒機を運用することも難しい。空母艦載機についても、Ｓｕ‐27の艦載型Ｓｕ‐33を導入する予定であったが、ロシアがまた無断でコピーされることを嫌って拒否した。それでも懲りずに、

Ｓｕ‐33の情報と試作機をウクライナから調達し、コピーしたＪ‐15を艦載機として開発した。しかし、その性能は出色の艦載機であるＳｕ‐33には、はるかに及ばないとみられる。

このように中国の最新兵器は純国産とは名ばかりで、プラットフォームに各国のエンジンや先端部品を取り付けた代物という評価もある。

中国の軍事能力を等身大に評価する努力をせよ！

英国のチェンバレン首相がナチス・ドイツ軍の能力を過大評価して、融和政策を採用したことが、第二次大戦を引き起こした。

つまり、中国の近代化の速度を決して侮ってはならないし、中国の軍事兵器を「張子の虎」などとみくびってはならないが、逆に「樹上開花」の計略により、中国の軍事能力を過大評価し、「わが国が軍事力を整備しても太刀打ちできない」といった諦念感を引き起こすことは絶対に回避しなければならない。

すなわち、地道なデータの積み上げによって、中国の軍事能力を等身大に評価する努力こそが必要なのである。

第三十計　反客為主（はんかくいしゅ）弱いふりをして乗っ取る

「反客為主《はんかくいしゅ》」は「客を反して主となす」と読む。最初はあえて弱い立場に立つが徐々に力を蓄積し、最終的には支配する計略である。類語に「庇《ひさし》を貸して母屋を取られる」という諺がある。

敵組織に浸透し、その組織内に細胞を形成し、やがては組織そのものを牛耳る浸透工作は「反客為主」を手口とする。

項羽の叔父・項梁がとった「反客為主」

秦代末期、のちに天下を劉邦《りゅうほう》と争うことになる項羽《こうう》とその叔父の項梁《こうりょう》にまつわる話である。項羽と項梁は代々、楚《そ》の将軍の家系を引くものであった。しかし楚は秦《しん》に滅ぼされたため、一族は権力を失った。項梁は項羽とともに呉《ご》に逃亡した。

項梁は呉の下級行政官として、呉の統治者の信頼を得るようになった。紀元前二〇九年、秦王朝の支配下にあった諸国が各地で反乱を起こすと、呉の統治者は項梁に支援を求めた。しかし、項梁はどのように呉が反乱軍に加わるかの会議の途中で、呉の統治者の首を刎《は》ねて、自らが呉の統治者となった。

一方の項羽は異議を唱える反対者を殺害した。項梁と項羽はその後も権力を拡大し、彼らの祖国を取り戻した。このように「反客為主」とは、当初は従順な部下（客）として、統治者（主人）に仕え、逐次、力を蓄えて、統治者に取って代わる計略である。

「反客為主」は浸透工作で活用

「反客為主」は中国共産党の常套手段である浸透工作において活用される。毛沢東は二度にわたる国共合作を画策し、国民党との全面対決を回避する一方で、国民党内部に深く秘密工作員を浸透させて、内部崩壊を画策するという方針を採用した。

なお浸透工作とは主として政治的イデオロギーを使用し、相手の自尊心をくすぐり、相手を洗脳して協力者に引き込み、さらには相手国の中に自国の意図どおりに動く細胞を形成するなどの工作をいう。

中国共産党は浸透工作により、国民党を組織内部から蝕み、やがて崩壊へと導いた。元国民党員の李天民氏は「われわれは中国共産党の思想に敗れたのでもなければ中国共産党の軍隊に負けたのでもない。彼らの浸透戦術を軽視したばかりに、対日戦争終了後の絶対優勢から、たちまちの間に劣勢へと転落した」と述べている。（李天民『中共の革命戦略』）

「反客為主」で企業乗っ取り

現在、中国に進出した企業が「反客為主」に遭遇している。外国企業は中国の安価な労働力や膨大な市場に釣られて、現地に進出し、そこで中国政府が認可する合弁企業という形態で企業経営を始める。当初こそ、中国人パートナーは外国人経営者に従順であり、非常に協力的である。しかし中国側が技術を修得し、利益を生むようになると「乗っ取り」という現象が起こる。外国人経営者が親から子供へと世代交代する際には、「あなたとの契約は結んだが、あなたの息子とは契約していない」とばかりに、会社乗っ取りが本格化する。

中国の会社乗っ取りは中国国内における合弁企業の例ばかりではない。中国は経済力を背景に国家ぐるみで企業のM&A（合併・買収）を世界中で画策している。不振企業を救済すべく、「救いの手」を差し伸べるかたちで、経営陣の一員として中国人の要員を浸透させ、やがては内部をコントロールして、結局は「技術力」と「ブランド」を獲得するのである。

こうした中国人による外資企業の乗っ取りの手口については、黄文雄著『中国人の8割は愚か！』で詳述されている。

黄氏によれば中国人との合弁会社でトラブルのないところは絶無に近いようだ。欧米企業も企業経営の最大の悩みに、中国人パートナーとのトラブルを挙げているその手口は以下のとおりである。

（1）政府の公安当局、地方当局者が一緒になって外国企業に対する共同歩調をとる。

（2）地裁の裁判官はすべて当局者の言いなりで、裁判をしてもすべて負ける。抵抗しようとすれば、公安警察が犯罪を捏造して逮捕する。

（3）外国企業の経営がうまくいけば、会社の印鑑、契約書などを偽造して、会社名義を変更して「社長職権停止」の壁新聞を貼り出す。

（4）組合のストライキをそそのかし、外国企業の当事者を逮捕監禁し、莫大な〝脱獄費〟を支払わせ、中国から追い出す。

（5）経済問題を政治問題化する。日本人に対しては、「軍国主義による中国侵略の過去」を持ち出し、台湾人に対しては「国民党特務」（おまえはスパイだ！）という手口が多い。

中国への企業進出には十分注意せよ！

中国には約二万五千社の日本企業が直接投資している。そのうち、約八千社が赤字経営だといわれている。中国には一三億という膨大な人口はあるが、貧富の格差も大きく、すべてが巨大な市場だとはいえない。また経済成長による賃金上昇も進出企業にとってのマイナス材料である。

尖閣諸島の国有化と前後してヤマダ電機は南京と天津の店舗を閉鎖し、三越伊勢丹は遼寧省の店舗を閉鎖した。こうした撤退の大きな理由は反日感情にある。

二〇〇五年、二〇一〇年、二〇一二年には大規模な反日デモが生起し、日本企業の店舗などに対する投石などが行なわれた。

こうした状況に鑑み、大企業などは中国から撤退し、東南アジアなどに移転もできるが、すべての財を投資して中国に進出した中小企業の撤退は容易ではない。進出日本企業の三分の二は中小企業である。

撤退を言い出すと「契約違反だ」といって膨大な違約金が要求される。日本人経営者が撤退すると、中国に投下したインフラ設備や技術力は、すべて現地の中国人パートナーの手に渡る。撤退しようにも撤退できない状況を作為され、わが国の中小企業は中国当局の言いなりになるほかはない。こうした事態に陥らないため、中国への進出には十分な事前検討が必要である。

第三十一計　美人計（びじんけい）ハニートラップで籠絡する

「美人計《びじんけい》」は字のごとく敵を女色で誘惑し、戦闘意欲を衰えさせ、内部崩壊を誘う計略である。

情報戦の世界では「ハニー・トラップ」という言葉があるが、中国情報機関もご多分に漏れずハニー・トラップが得意である。

中国兵法書の「六韜《りくとう》」には「厚く珠玉を賄《まいな》いて、娯《たのし》ましむるに美人を以てす」「美女喚声を進めて以てこれを惑わす」とある。中国古典ではしばしば女性の誘惑により政権が崩壊したことが描かれている。

敵の戦闘力を衰えさせるものは女性だけではなく、麻薬、宗教などさまざまである。中国はベトナム戦争において阿片宿を経営し、ベトナムにおける米軍兵士の籠絡を画策したとされる。これも「美人計」の応用である。

貂蝉を用いたハニー・トラップ

中国の四大美人は楊貴妃《ようきひ》、西施《せいし》、王昭君《おうしょうくん》、そして貂蝉《ちょうせん》である。貂蝉は三国志演義に登場する架空の人物であるが、この貂蝉のモデルは、紀元前二〇〇年頃に漢を間接的に支配していた武将・董卓《とうたく》の侍女であった。

董卓は、呂布《りょふ》を養子とし、自らの絶大な権限を確保し、逆らう者は容赦しない圧政を敷いた。漢の政治家である王允《おういん》が、董卓の圧政から漢帝国を守るため、幼いころより王允に仕えていた貂蝉を使って「美人計」を仕掛けた。

王允はまず呂布を自宅に招くと、貂蝉に酒のお酌をさせ、呂布を骨抜きにした。王允は呂布に貂蝉を娶《めと》るよう進言し、その一方で、董卓を酒宴に招待し、呂布と同様に、貂蝉を使って董卓を誘惑した。

董卓はたちまち貂蝉の虜《とりこ》になり、侍女にした。こうなると怒るのは呂布である。呂布はものすごい剣幕で王允に詰め寄った。王允は「無理矢理、董卓が貂蝉を連れて行った」と答えた。董卓と呂布が互いに憎しみ合うように仕向けたのだ。貂蝉も、董卓と呂布の両方に気を持たせるように、それぞれに愛を打ち明け、自分を横やりから守って欲しいと頼んだ。かくして董卓と呂布は一人の女をめぐり、敵愾心を高め、最後に呂布が董卓を殺した。王允は「美人計」を用いて董卓の圧政から漢帝国を守ったのである。

驚愕の「エム・バタフライ」事件

中国情報機関によるハニー・トラップとして最も著名なのが「エム・バタフライ」事件である。同事件の顚末は次のようなものだ。

一九六四年、フランス外交官ベルナール・ブルシコは中国人の京劇俳優である時佩璞《じはいふ》と性的関係に陥った。中国情報機関である党中央調査部は、二人の関係を利用し、六九年にブルシコをエージェントとして獲得した。ブルシコは時佩璞と結婚して中国から出国し、その後、八五年にフランス当局により逮捕されるまで、フランスの国家機密を中国に漏洩し続けた。

事件が表面化した時に世間が驚いたのは、時佩璞が実は女性ではなく男性の女形であることが判明したからである。これは中国情報機関がブルシコの特異な性的嗜好を周到に調査し、巧妙なハニー・トラップの罠にかけたことを如実に物語っている。

近年もハニー・トラップを利用したスパイ工作事例は少なくない。二〇〇三年にはカトリーナ・レオン（中国名・陳文英）という中国側の女性スパイが米側の対中工作員になりすまし、FBIの担当官二人と性的関係を結んで米側の機密情報を北京に流していた。

二〇〇八年、台湾総統府で起きたスパイ事件では立法委員補佐官の陳品仁が大陸で誘惑を受けて愛人を囲い、悪事の露見を恐れて中国のために機密を窃取するようになった。同時期、四人の台湾公務員が大陸を訪れた際に、風俗店での遊興を中国側に隠し撮りされ、スパイとなるよう強要された。

二〇〇八年の北京オリンピックに際しては、クレメント前ロンドン副市長が女スパイと関係を持っている最中に機密文章を盗まれるという事件が発生したという。（拙著『中国が仕掛けるインテリジェンス戦争』）

外交官や自衛官はとくに注意せよ！

最近は中国に無数に存在する「カラオケ店」を舞台にハニー・トラップを仕掛ける事例が確認されている。中国では売春は重大犯罪であり、中国情報機関は犯罪を見逃す代わりに、機密情報の提供等を強要するという。カラオケ店の女性従業員は、顧客の名刺と引き換えに「売春」の罪が減じられるため、客の名刺収集に余念がないとされる。

中国情報機関が民間人を装い、意図的に工作対象者に近づき「カラオケ店」に誘い、ハニー・トラップを仕掛けることも決して珍しいことではないようだ。

二〇〇四年五月に在中国日本大使館の電信担当職員が首吊り自殺した。その遺書から職員はハニー・トラップで籠絡されたことが判明した。

各種報道によれば、わが国の政府、経済界、商社など、さまざまなジャンルの要人が中国情報機関によるハニー・トラップの餌食となってきた模様だ。真偽のほどは定かではないが、元国家最高指導者も中国情報機関（公安部）に所属する女性と深い関係になったと噂されている。

一連の事件からみえるのは、中国情報機関のハニー・トラップを使った周到かつ巧妙な手口である。単身赴任で中国に長期滞在する外交官や、男性社会の職場で女性と知り合う機会の少ない自衛官はハニー・トラップに対する免疫がなく、そのことを熟知している中国情報機関にとっては格好の「餌食」といえるだろう。

第三十二計　空城計（くうじょうけい）無防備と見せかけて判断を惑わす

「空城計《くうじょうけい》」は、味方が劣勢で勝算が立たない時、わざと無防備のようにみせかけて敵の判断を惑わす心理作戦をいう。進んで弱点を露呈する発想の転換である。一方、計略を受けたものは「相手が進んで弱点を露呈するはずはない、必ず裏がある」と考えて、相手を撃滅する千載一遇の好機を見逃すことになる。敵に勝利するのではなく、敵の攻撃を回避する点が特徴である。

かつてゾルゲは派手な女性関係と大酒飲みという、およそスパイらしからぬ行動をさらすことによって、わが国の官憲の執拗なマークを回避していた。

空城計は自己の能力を相手に誤認させるという点では、第七計「無中生有《むちゅうしょうゆう》」と同じ。共に無を基本として、無が見破られれば窮地に陥る。したがって見破られない作為が必要となる。ただし「無中生有」は有をでっち上げるのに対し、「空城計」は無を素直に相手に伝え、敵に錯誤させるものであるから、より高度な計略である。

諸葛亮「空城計」で危地を脱する

諸葛亮《しょかつりょう》（孔明）は、馬謖《ばしょく》の率いる先鋒軍が大敗したことを聞いて、すぐさま全軍撤退を命じ、西城に撤退した。そこへ司馬仲達《しばちゅうたつ》が一五万の軍勢を率いて西城へ押し寄せてきた。この時、孔明の守備兵はわずか二五〇〇名で、抵抗すれば間違いなく全滅、降伏すれば将来的な支配力を失うことになる。

そこで、孔明は発想の転換とばかりに、都市の城門を開け放ち、孔明自身は戦闘服を捨て道士のいでたちになり、琴を手に、二人の童子をともなって城楼に上がり、自らは休息する姿勢をとって琴を弾いた。城外に殺到した仲達と兵は、孔明の行動が隠れた予備軍の存在を示すものだと解釈し、進軍をあきらめた。

キッシンジャー、毛沢東の核政策は「空城計」と指摘

二〇一二年に発刊された『キッシンジャー回顧録』では、毛沢東が公言した核戦争の無頓着性について、これが中国の常套手段である「空城計」であると説明した。

毛沢東は一九五五年、米国に対抗するため核開発や弾道ミサイルの開発を決定した。開発の着手を決定づけたのは朝鮮戦争である。当時のトルーマン米大統領が「原子爆弾も辞さない」と述べたことから、対米対決を明確にした中国は、米国からの核の脅威に直面した。さ

らに五四年にダレス米国務長官が「大量報復論」を発表したことで、中国は核の脅威を一層深く認識するに至った。

かかる情勢下、毛沢東は西側の核兵器を「張子の虎」と称し、あたかも脅威が存在しないかのように振る舞った。一九五七年一一月、毛沢東はソ連で開催された社会主義陣営の各国首脳会議に参加し、フルシチョフ第一書記の提唱する「西側との平和的共存論」に反対し、「核戦争論」を唱えた。

そのなかで毛沢東は「核戦争を辞さない。世界には二七億人がいる。半分が死んでも半分は残る。中国は六億人いる。半分が死んでも半分が残る。何年か経てば、また六億人になる。何を恐れることがあろう」と演説した。

このように、毛は「中国を核攻撃したいならばどうぞ」とばかりに開き直りともみられる無防備な姿勢を示し、西側諸国を困惑させたのである。

ズボンをはけなくなっても原爆を持つ

その一方で中国は、ソ連の手を借りて核開発を行なおうとした。しかし六〇年代から中ソ対立が深刻化し、ソ連の専門家が引き上げたために、核開発は「自力更生」で行なうことを余儀なくされた。そこで「経済が貧しくて、ズボンをはけなくなっても原爆を持つ」(陳毅元帥）という発言に象徴されるように、中国は国家の総力を挙げて核兵器開発を進めることになった。

その結果、一九六四年に原爆、六七年には水爆、七〇年には人工衛星、八四年には米本土に届く大陸間弾道弾の開発に成功した。

現在も人民解放軍高官による毛沢東流の発言は続いている。二〇〇五年七月には国防大学の朱成虎《しゅせいこ》少将が香港における記者会見で、個人的見解としながらも台湾海峡の有事に際して「米国がミサイルや誘導精密兵器で中国の領土を攻撃するならば、中国は核兵器で反撃せざるを得ない。中国は西安以東の都市のすべてが破壊されることを覚悟している」と述べた。その一方で「米国も西海岸の一〇〇以上、二〇〇以上、さらにはもっと多くの都市が中国によって破壊されることを覚悟しなければならない」として、米国に対する牽制も行なった。（123頁参照）

なお朱少将は毛沢東の同志であった朱徳将軍の孫であり、毛沢東や朱徳のDNAを引き継いだ戦略家である。

こうした軍事戦略家の発言は、米国に対して圧倒的な核戦力の劣勢にあることを前提に、あえて自らの余裕を示すことで、米国の誤認識を誘い、中国に対する核戦争発動を躊躇させるという心理的な威嚇効果を狙っている可能性がある。

また、こうした発言は、相手国に対し「中国の核保有数がそんなに少ないはずはない」との疑心暗鬼を生じさせ、抑止効果を高めている。

現に、ストックホルム国際平和研究所によれば、二〇一三年一月時点の中国が保有する核弾頭数は二五〇発と見積もっているが、「八〇〇から八五〇発ほどの核弾頭を保有している」との説（二〇一三年一月五日『米ディフェンス・ニューズ』ほか）のほか、「第二砲兵は最大三〇〇〇マイルの地下トンネルを建設しており、この地下トンネルの長さから三〇〇〇発の核弾頭を保有している」との見積もりさえある。（ジョージタウン大学管理センターの二〇一一年の見積もり）

米本土に到達するICBM

中国は現在、米本土に到達し得る戦略核ICBM（大陸間弾道ミサイル）については、車載移動型および固体燃料推進方式に転換して「迅速反撃能力」の強化を目指している。

そして機動修正ができるMaRV化（機動可能型再突入体）と、複数弾頭に分散できるMIRV化により「命中精度」の向上と米国側の「ミサイル・ディフェンスに対する突破能力」の獲得を狙っている。

MaRVは大気圏内に再突入したあとに、自らが機動を修正して目標に向かう（終末誘導）ため、相手のミサイル・ディフェンスをかわして、目標をピンポイント攻撃ができるというやっかいな代物である。

前述の「抗日戦争勝利七〇年」の軍事パレードに初登場した「DF－31A」（固体燃料推進方式）と「DF－5B」（液体燃料推進方式）はそれぞれMaRV化とMIRV化が施されているとされる。

さらに、相手側の攻撃からの残存性が高い、ジン級原子力潜水艦から発射するSLBM（潜水艦発射弾道ミサイル）の「JL－2」の開発を重視している。

わが国に向けられた中距離弾道ミサイル

わが国に対してはDF－3A（液体燃料の固定サイロ発射型であり、射程三〇〇〇キロ）、DF－21シリーズ（射程が一五〇〇～二八〇〇キロ）、DF－16など計一〇〇基礎以上が指向されている。

DF－3Aが核弾頭、基本型のDF－21と射程延伸型のDF－21Aが核弾頭、DF－21C（MaRV化）とDF－21D（対艦用）が非核弾頭とみられる。ただし、DF－21は外見上、核弾頭か非核弾頭かを区別することはできないので、対応如何で急激なエスカレーションを招く危険性があるので注意が必要だ。

日本に向けられた中国のMRBM（中距離弾道ミサイル）

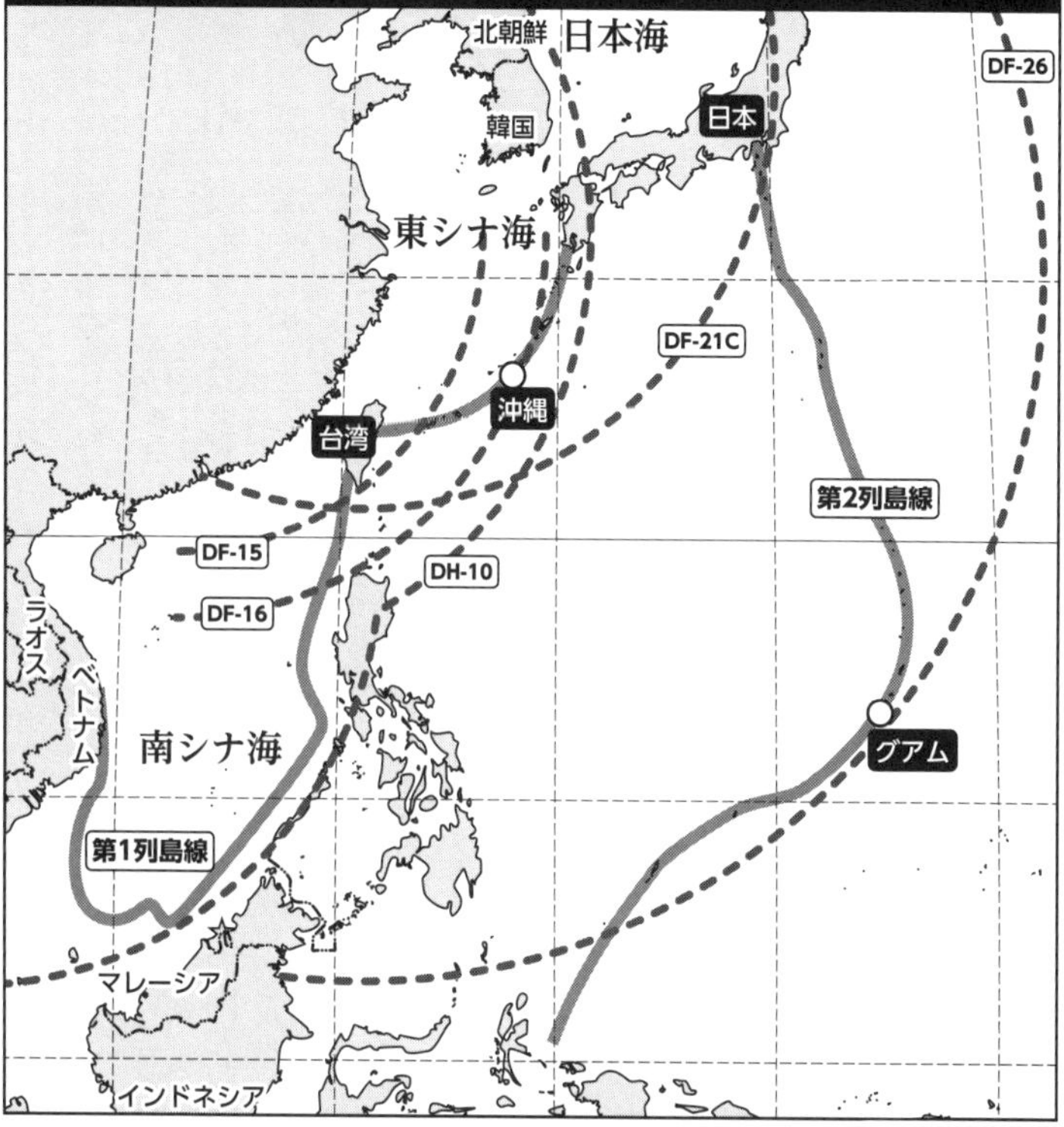

短距離ミサイルDF-15

巡航ミサイルDH-10

DF‐16も射程が一〇〇〇キロであり、現在一〇基以上を配備していると推定される。同ミサイルは対台湾用とみられるが、わが国の南西諸島を射程圏内に収めている。

このほか対台湾用に開発された短距離ミサイルDF‐15の改良型であるDF‐15Aは射程が九五〇キロに延伸されており、これも南西諸島を射程圏内に収める。

このほか、巡航ミサイルのDH‐10が二〇〇〇～五〇〇〇基配備されており、相当数のDH‐10がわが国に指向されていると見積もられる。

中国がわが国を核攻撃する可能性は排除されない

中国は「自衛防御的な核戦略を保持している」として、「いかなる時、いかなる状況下においても核兵器を先制使用しない（核の先制不使用）」と表明している。しかし、中国の軍事戦略家のなかには、「核の先制不使用」原則を見直す必要があると主張する者もいる。これは、「巡航ミサイルなど遠距離精密誘導兵器に対しては通常兵器では十分に対抗できないので核兵器の先制使用が最も有効である」という理屈からである。

また中国は「非核保有国に対する核兵器の使用・威嚇は行なわない（非核保有国等に対する核使用の禁止）」と言明しているが、これについても米国の「核の傘」の下にあるわが国に対する姿勢は明確ではない。しかも、この核使用の禁止は中国の一方的な政治宣言にすぎず、何らの法的拘束力はない。つまり中国はいつでもこの政策を撤回することができる。

核政策および核戦略の変化を見落とすな！

「核攻撃をするならば、してみればよい」といった軍事戦略家の発言が単なるハッタリなのか、それとも公表ベースほどには米中の核戦力の格差はないのか、その真実は不明である。

中国が主張する「核の先制不使用」「非核保有国等に対する核使用の禁止」が曖昧になれば、わが国としても気が気ではない。

中国の「空城計」に陥らず、核戦力に対する正確な評価、核政策および核戦略の変化を引き続き注視して分析する必要があろう。

第三十三計 反間計（はんかんけい）敵のスパイを逆用する

「反間計《はんかんけい》」とは、敵の間者（スパイ）や内通者を我の二重スパイとして利用する計略をいう。二重スパイとは、敵（または我）の情報機関の要員でありながら、わが国（または敵国の）ために情報活動に従事する者をいう。

すなわち敵国のスパイを利用して敵内部の秘密情報を収集する、敵のスパイに偽情報を意図的に流し、敵の誤判断や官民の離隔を謀る（情報操作）などがこの計略である。

『孫子』の第一三章「用間篇」では「郷間」「内間」「反間」「死間」「生間」の五種類の間（スパイ）を挙げている。

この五つの「間」のなかで、「反間」は最も高度な情報活動である。『孫子』では、「五間の事、主必ず之を知る。之を知るは必ず反間に在り。故に反間は厚くせざるをべからざるなり」と述べる。つまり、ほかの四種類の「間」はすべて「反間」によって有利に展開できるので、「反間」に対しては厚く処遇しなければならないというのである。

曹操が「反間」を利用して周瑜に勝利

三国時代、魏《ぎ》の曹操《そうそう》は、ライバルである呉《ご》の周瑜《しゅうゆ》と対決していた。曹操は戦力に勝っていたので通常ならば周瑜軍に勝利することは簡単であった。しかし曹操が周瑜軍を破るためには、大河を渡らなければならなかった。内陸部で生まれ育った曹操は川での戦いには不慣れであった。

曹操は、水場での経験が豊富な将軍を登用し、水場での戦闘指揮を執らせた。その一方で、曹操は旧知の参謀を用いて周瑜に降伏するよう誘った。

周瑜は曹操が派遣した参謀が到着すると、歓迎し、酒宴で参謀をもてなした。周瑜は参謀に一緒に寝ようと言った。参謀は、周瑜がぐっすりと眠っていると信じて、曹操に持ち帰る手土産を物色した。参謀は、周瑜の机の中から、衝撃的な内容の手紙をみつけた。その手紙は、「曹操が登用した将軍が周瑜への忠誠を誓い、曹操による周瑜への攻撃を妨害するつもりである」と書かれていた。もちろん、この手紙は、曹操内部に不和を生じさせるために、周瑜が仕組んだ偽物であった。翌日、参謀が帰り、この情報を早々に伝えた。曹操は怒り狂って二人の将軍の処刑を命じた。周瑜が曹操の参謀を反間として運用することで、曹操に勝利した。

反間（二重スパイ、逆スパイ）の効用

かつてソ連は、英国SIS（MI6）のキム・フィルビーを二重スパイとして活用し、英国から重要な情報を根こそぎ入手していた。

元CIA対ソ防諜部長のオルドリッチ・エイムズは九年間にわたってソ連のKGBに情報を流し続けた。そのなかにはCIAのソ連国内の情報網が含まれ、浸透工作員一〇人が殺害されたという。

このように情報機関が敵側のスパイを獲得する最大の効果は、浸透工作員のネットワークを摘発することにある。また、偽情報を敵側の情報組織に流布し、情報活動を混乱させる、我の情報組織が行なう諜報活動や秘密工作の進展度を見極めることなどが狙いである。

中国の伝説的スパイ金無怠

中国の伝説的スパイである金無怠（ラリー・ウタイ・チェン）は、米国CIAに在籍し、「中華人民共和国と国交を開くことを希望する」というニクソン大統領の機密文書を一九七〇年一〇月に北京に渡したほか、中国や東アジアに関する秘密情報リポート、同僚のCIA職員の経歴情報、CIAの秘密要員の氏名と身元といった重要情報を流した。

彼のスパイ活動が発覚したのは、一九八五年に中国国家安全部の安全部外事局長の要職に

ある兪真三《ゆしんせい》が米国に亡命したことにより、中国が米国で展開していた秘密諜報網が暴露されたことによる。その結果、米ＣＩＡに四一年間も在籍し、中国の忠実なスパイであった金無怠に悲劇が起こった。

彼は中国のスパイであることを認め、中国当局に庇護を求めたが、一方の中国当局は「米国の反中勢力による捏造であり、金無怠という人物はまったく知らない」と切って捨てた。金は失意のなか、刑務所において自殺した。（拙著『中国が仕掛けるインテリジェンス戦争』）

兪真三の亡命は、米情報機関による主導的な獲得工作ではないが、結果として、米情報機関は中国のハイレベルの情報要員の獲得に成功し、彼の有する秘密情報を活用できた事例であり、「反間」の利用であった。

中国は「反間」の重要性を認識

こうした手痛い経験から、中国は「反間」の重要性を十分に認識しているとみられる。二〇一一年一〇月、台湾国防部の最高軍事法院は、羅奇正《らきせい》大佐を「利敵《りてき》スパイ活動従事罪」で無期懲役とした。同大佐は台湾の情報部門で諜報員の募集や派遣工作などを担任していた。大佐は〇七年から一二回にわたり、台湾当局がビジネスマンを偽装して中国に派遣した男性諜報員（実は中国の二重スパイ）に籠絡されて、自らも二重スパイになった。男性諜報員は中国に逮捕され、拷問を受けた結果、釈放と引き換えに二重スパイに転向したようだ。（『中国が仕掛けるインテリジェンス戦争』）

羅奇正大佐の事案に見られるように、中国国内でスパイを検挙・逮捕し、命と引き換えに二重スパイを行なわせることがこれまでの中国情報機関のやり方であった。しかし最近は、第三国において敵国のスパイを籠絡させるような積極的な手口もみられるようになった。これは第三国や他国の情報当局から探知・妨害されかねない環境での徴募工作となり、中国の徴募活動の巧妙性が高まっている可能性がある。

不用意な接触に注意せよ！

ロシアの情報活動が「一人のエージェントがバケツ一杯の砂を運ぶ」のに対し、中国の情報活動の特徴は「一人の収集員が砂一粒を運び、人海戦術によって砂をバケツ一杯にする」といわれる。つまり、中国は利用できるありとあらゆる人物への接触を得意としている。

訪中、在中する日本人だけでなく、そのほかの海外などに赴任する邦人に対しても見知らぬ中国人との不用意な接触に注意を喚起するとともに、友好国情報機関などとの十分な連絡支援体制を確立する必要がある。

第三十四計　苦肉計（くにくけい）わが身を犠牲にして警戒心を解く

「苦肉計《くにくけい》」は、我が身を痛めつけて敵を信用させ、情報活動を成功に導く情報心理戦である。自らの地位を犠牲にして、相手の警戒心を解き、まんまと利益を得る計略である。

黄蓋が「苦肉計」を発動

三国時代、呉《ご》の周愈《しゅうゆ》が「赤壁《せきへき》の戦い」で曹操《そうそう》を迎撃した時のことである。武将の黄蓋《こうがい》が周愈に、「曹操のもとに密使を送って降伏を申し入れる」ことを進言した。しかし、それだけでは相手を信用させることはできない。そこで、黄蓋は作戦会議の席上で降伏論を主張して譲らず、周瑜の怒りを買って「百叩きの刑」に処され、血まみれになった。

その様子を呉軍の陣屋にもぐりこんでいた曹操の間者がみていて、曹操に伝えた。初めは降伏申し入れに半信半疑だった曹操も黄蓋を信用した。曹操は黄蓋の船団が川を渡って接近した時、黄蓋が降伏したものと信じ込んで警戒を怠った。その結果、曹操は、黄蓋によって、やすやすと「焼き討ちの計」を許してしまった。

「苦肉計」は日常茶飯事

この計略で思い起こされるのは三浦和義氏の「ロス疑惑」である。一九八一年、三浦氏の妻がロサンゼルスで何者かに射撃され、意識不明の重体になった。三浦氏自身も自らの足を撃たれて負傷し、マスコミは「悲劇の夫」として報じた。

しかし、二年後に三浦氏が保険金目当ての殺人を自作自演したとの疑惑が生じた。この事件の真相は、米当局が三浦氏を再逮捕し、取り調べを再開しようとして拘置していた時に、三浦氏が拘置所で自殺したために闇のなかに葬られた。

ただし、「自らが痛みを伴うような、バカなことをするはずはない」との先入観が、事件発生当時の初動捜査を遅らせ、事件の真相解明の機会をみすみす逃したとの教訓を認識させた。

天安門事件後に中国人スパイが全世界に展開

天安門事件後、民主化を叫んだ学生活動、知識人は逮捕・投獄されるか、国外に亡命するかを余儀なくされた。たとえば、天安門事件の首謀者とされる魏京生《ぎきょうせい》の釈放を要求する署名を呼びかけた天文物理学者の方励之《ほうれいし》は事件後に米国に亡命した（二〇一四年、米国で死亡)。彼らは亡命先の海外において民主化組織を結成し、海外から中国国内の民主化運動に加担する動きを示しているとされる。

こうした動きに対し、中国の情報機関はいち早く対応した。国家安全部は、亡命する民主化指導者のなかに情報要員を送り込んだのである。(『中国が仕掛けるインテリジェンス戦争』)

その後、情報機関の要員は海外における民主化組織のなかに秘密裏に協力者網を構築し、民主化組織の動向を厳重に監視していくことになる。

一九九〇年、中国政府は「中国海外交流協会」という民間組織を設立し、海外の華僑に対する工作を開始した。その工作目的の一つは華僑ネットワークを使って海外の民主化運動を抑え込む狙いがあったとされる。これらの組織化も中国から派遣された情報要員の成果といえよう。

中国は人権・民主活動家を国外追放というかたちで出国させた。これは各国からの人権侵害批判を回避する狙いがあり、同時に情報要員を民主活動家と偽装させて海外に派遣したということになる。

各国ともに、国外追放された中国人に対しては、中国当局によって人権弾圧された〝悲劇の主人公〟としてマークが甘くなる。このような利点を活かし、中国は各国の政府機関や情報機関に浸透工作員をまんまと潜入させることに成功したのであろう。

よくよく注意せよ！

中国の情報機関は、日本発の中国民主化運動あるいは反中活動に対しても目を光らせているとみられる。その際、天安門事件後の対応でもみられたように、わが国の各種組織のなかに情報要員を混入させ、その動向をじっと監視していることは常套手段であるとみなければならない。

これらの情報要員が、身分を隠すため、表面的には親日家を装おう、あるいは、中国から迫害されて日本国籍を保有するに至ったというカバー、すなわち「苦肉計」を駆使している可能性は否定できない。

浸透工作員は民主化運動や反中活動を直接的に阻止するという野暮な工作はしないといわれている。逆に反中国、反共産主義を標榜して、わが国の保守派に広くネットワークを構築し、反中活動の首謀者が誰であり、どのようなネットワークがあるか、どのような活動を行なっているかなどを密かに解明している可能性も否定できない。こうした間接的手段はわが国の優秀な警察当局をもってしてもなかなか尻尾を捕まえることは困難であろう。

とくに国益保持に従事する者は、親日的な中国人や日本国に転籍した中国人であろうとも、「不自然さはないか」という視点で、常に沈着冷静さをもって彼らと接する必要があろう。

第三十五計　連環計（れんかんけい）複数の計略を連続して用いる

「連環計《れんかんけい》」はあたかも鎖の環が連なり合うように複数の計略が仕掛けられる。一つの計略を見破って安心していると、矢継ぎ早に次の計略が繰り出されるため、対応がとれなくなる。

およそ、一つの計略で敵をあざむく可能性は低い。裏の裏をかく複数の計略を用いて、敵に対応の暇《いとま》を与えないことが肝要である。また「連環計」は、自らの危地を脱出するためにも適用される。

「赤壁の戦い」で孫権が採用

「赤壁《せきへき》の戦い」において、孫権《そんけん》は、龐統《ほうとう》の献じた策に従い、龐統を曹操軍に潜入させた。龐統は曹操に対して、兵士の船酔い対策として船どうしを鎖でつなげるよう進言した。しかし、その狙いは曹操の軍船が容易に動けないようにすることであった。

その後、龐統は曹操軍の間者である蔡仲《さいちゅう》を第三十三計「反間計《はんかんけい》」により、孫権軍のスパイとして逆用し、その間に孫権軍の将軍・黄蓋《こうがい》を第三十四計「苦肉計《くにくけい》」によって偽の投降により曹操軍にもぐらせ、曹操軍の軍船に火をつけ、火攻めで曹操軍を撃破した。「赤壁の戦い」では、敵船どうしをつなぎ止めることを「連環計」と呼んでいるが、むしろ、「反間計」や「苦肉計」を連続して用いることに「連環計」の意味はある。

わが国の安保関連法案に反対する中国

二〇一五年七月、国会では安保関連法案が可決された。これに対し、中国は国営『新華社通信』で、「憲法九条は明らかに自衛隊の海外での戦闘と集団的自衛権の行使を禁止している」との憲法解釈を展開し、「論争を引き起こしている安保法案が可決」「安倍政権は制約を撤廃するために憲法違反の解釈をした」と批判した。

安保関連法成立をめぐっては、同年六月以降、一部の特定政党が主導する抗議デモが国家議事堂前や日本各地で展開された。わが国の評論家諸氏の情報によれば、中国が抗議デモを水面下で支援していたとの情報もある。つまり、中国は混乱状態を作為し、安保関連法案の可決を阻止する、少なくとも安倍政権の政権運営の混乱や支持率の低下を来たし、次期国会議員選挙に影響を及ぼす思惑があった可能性がある。これは第三計「借刀殺人《しゃくとうさつじん》」または第二十計「混水模魚《こんすいぼぎょ》」の活用とみられる。

左は2014年11月の首脳会談。仏頂面が印象的な習主席。下は2015年4月の首脳会談。笑顔をもって安倍総理に応対する習主席。

2014年の習主席の仏頂面からは「あからさまな“日本外し”は大国に相応しくないが、中国譲歩と思われると、国民から“弱腰”と批判されるので、日本に甘い顔はできない」。2015年の笑顔からは「対外的にソフトイメージを醸成し、中国脅威論を払拭。日本には『抗日戦争勝利70年』式典への安倍総理の参加、AIIBへの参加を促そう。2回目の首脳会談だし、ここは外国なので少々甘い顔も問題ないだろう」と読める。

他方、中国は「多くの日本人と良識ある知識人は苦い過去と同じ轍を踏みたくなく、日本政府の軍事政策の動向に強い警戒感を持っている」「日本軍国主義の侵略戦争は、中国や他のアジアの国々に深刻な災難をもたらした。軍国主義化のなかで、多くの日本人がだまされ戦争の犠牲者となった」とコメントし、暗に抗議デモを支持した。これは、「少数の軍国主義者と大多数の日本人民

を区別せよ」とする毛沢東時代からの対日政策の「二分法」の適用であって、第二計「囲魏救趙《いぎきゅうちょう》」の応用である。

その一方で安保関連法案の成立をめぐる事前の日中間の政治交渉も繰り広げられた。二〇一五年四月のインドネシアでのAPECでは日中首脳会談が開催され、一四年一一月の北京APECとはまったく異なる〝笑顔〟をもって習主席は安倍総理に応対した（前頁写真参照）。

二〇一五年五月、二階俊博・自民党総務会長が安倍総理の親書を携え、経済界要人を含めた三千人規模の訪問団を結成して訪中した。習近平は二階氏との直接面会に応じ、終始微笑みを絶やさず大歓迎し、安倍政権の歴史認識を暗に批判する一方で、訪中団のメンバーを「正義と良識ある日本人」などと褒めたたえたという。

これは、二階氏を通じて、二〇一五年夏予定の安倍総理による「戦後七〇年談話」を牽制するなど、わが国の政治・経済界への影響力を行使する第十八計「擒賊擒王《きんぞくきんおう》」であったろう。同時に、インドネシアAPECでの習主席の笑顔と訪中団メンバーに対する大歓迎の陰には、安倍総理の「抗日戦争勝利七〇年」の記念式典参加や、日本のAIIB参加を促すことなどを狙った第十計「笑裏蔵刀《しょうりぞうとう》」が発動された可能性がある。

「抗日戦争勝利七〇年」での軍事パレード

安保関連法の成立が山場を迎えた二〇一五年九月三日、北京で「抗日戦争勝利七〇年」の記念式典が開催された。中国は安倍総理を軍事パレードなど記念行事に招待したが、安倍総理は参加を見送った。記念式典は多くの国が不参加であったが、ロシア、韓国の首脳が参加したほか韓国人の国連事務総長が出席した。これはロシア、韓国の第三国に加え、国際組織を持ち出し、「反ファシズム」と「反帝国主義」を掲げ、共闘によりわが国の歴史問題を攻撃する思惑（第三計「借刀殺人《しゃくとうさつじん》」）があったのであろう。

同記念式典では弾道ミサイルや空軍機などを紹介する軍事パレードが開催された。軍事兵器の紹介では「初公開のものが八四パーセント」と紹介されたが、ここ数年にすでに確認されたものがほとんどであった。注目されたDF-41、JL-2、J-20、J-31などは披露されず、宣伝するほど目新しいものではなかった。

このなかで新型対艦弾道ミサイルとして「DF-26C」が紹介されたが、前型の「DF-21D」の実戦配備も確認されていないのに、「DF-26C」を新型兵器として披露していることには疑問符がつく。これら兵器を宣伝によって能力以上にみせることで、中国が軍事大国に成長したこと誇張し（第二十九計「樹上開花《じゅじょうかいか》」）、日米を牽制することや、習近平による統帥権の確立を国内外にアピールする狙いがあったのであろう。

他方、習近平は同記念式典において「三〇万人の兵力削減」を謳い、「一貫して平和発展の道を進む」「永遠に覇権を唱えず、拡張路線はとらない」など平和国家をアピールした。これも、中国脅威論を払拭する一つの計略（第十計「笑裏蔵刀」）といえよう。

二〇一五年一〇月、習近平は訪英し、公式晩餐会で第二次大戦における「日本の残虐性」に言及した。習は第二次大戦で英国は軍備や医薬品を提供し「抗日戦争に協力した」と述べ、一一分弱の演説時間のうち、習が口にした国名は英・中両国以外では唯一、日本だけだった（31頁参照）。これも英国を触媒とする対日歴史工作であり、第三計「借刀殺人《しゃくとうさつじん》」あるいは第二十三計「遠交近攻《えんこうきんこう》」といってよい。

脅威を最大限に見積もれ！

以上、わが国の安保関連法案が成立した二〇一五年の日中関係をざっと振り返ってみたが、『三十六計』を意識してか意識せずかはさておき、中国が硬軟織り交ぜての対日戦略・戦術を展開していることは間違いない。

中国の対日戦略の微細な変化を読み取るとともに、尖閣諸島問題などをめぐってわが国の領域への進出を強化している中国に対しては「仮想敵」と認識し、その脅威を最大限に見積もり、楽観論を排除して対応する必要があろう。

第三十六計　走為上（そういじょう）無駄な戦いは避ける

「走為上《そういじょう》」は「走《に》ぐるを上《じょう》と為《な》す」と読む。戦争や外交戦はいつも勝てるとは限らない。そんな時は逃げるのが最善である。転じて、この計略は勝算がない時は無駄な戦いを回避する、形勢が我にとって不利な場合は一時的な撤退や譲歩を行なうという計略である。

『孫子』の「始計《しけい》」は「兵は国の大事である。死生の地、存亡の道なり。察せざるべからず」で始まる。ここでいう「兵」とは戦争の意味である。つまり、「戦争は国家の重大事項であるので、国家指導者は勝算のない戦争を軽々しく行なうべきではない」と戒めている。

同じように、『三十六計』も勝算のない戦いはしない。わが国では「兵法三十六計逃げるに如かず」という諺が有名であるが、これは魏晋南北朝時代の宋の将軍・檀道済《たんどうせい》からの引用であり、『三十六計』との直接の関係はないが、この諺が流通し、『三十六計』の最終の計略として「走為上」が掲げられていることは、『孫子』とともに、中国が「戦わずして勝つ」との不戦主義に最大の価値観をおいていることの証左といえよう。

毛沢東は「長征」で共産党を存続

一九三〇年代、国民党は「中華ソビエト共和国」と称する支配地域を各地に築いていた共産党に対する包囲撃滅作戦、すなわち囲剿戦《いそうせん》を展開した。

これにより、潰滅寸前となっていた共産党（紅軍）は一九三四年一〇月、中華ソビエト共和国の根拠地である瑞金《ずいきん》を放棄し、国民党軍との戦いをひたすらに避けて、陝西省延安《えんあん》まで逃亡した。これが歴史的に有名な「二万五千里の長征《ちょうせい》」である。

これは、「圧倒的優位に立つ国民党軍に対しては、徹底抗戦である塹壕戦を行なうのではなく、戦略的撤退をすべき」と主張した毛沢東の党内闘争の勝利でもあった。毛は長征途中の遵義《じゅんぎ》会議（一九三五年一月）で共産党の主導権を握ることになる。

この長征は、紅軍八万六千人が最後にはわずか八千人に減少するという苦難の行軍であったが、長征期間中の抗日民族統一戦線の呼びかけが奏功し、共産党はその存在をかろうじて保持することができた。

このように、勝算がない時は逃げることが大事であることを、毛沢東が長征という歴史的な大撤退をもって示したのである。

ベトナム沖での石油掘削を中止

中国は、現状の秩序に対し、経済力や軍事力を背景にさまざまな面から変更を試みている。しかし、中国脅威論の噴出や、米国などの強硬対応などによって、一時的な撤退や譲歩もみせている。

二〇一四年五月、中国の大手国有企業CNOOC《シノック》（中国海洋石油）の関連企業が、中・越ともに排他的経済水域（EEZ）を主張する海域（南シナ海のパラセル諸島、中国名・西沙諸島付近）で掘削作業を開始した。

ベトナム側が掘削中止を求めて公船を派遣すると、中国公船がこれに体当たりや放水などを繰り返した。これをきっかけにベトナム各地では反中デモが起こり、中国系工場が放火されるなどの事態へと発展した。ベトナムは国際世論の場を活用し、〝中国の暴挙〟を訴える宣伝戦を展開し、東南アジア諸国に対中不信感が蔓延した。

こうしたなか、中国は同年七月一五日、八月中旬まで行なうと発表していた石油掘削活動を突然に中断する発表し、洪磊《こうらく》・報道官は、これに関して「目的が予定通り円滑に達成され、石油とガスが発見された。いかなる外部要因とも関係ない」とコメントした。

二〇一四年七月一〇日、米上院本会議は「東シナ海や南シナ海における中国の拡張主義が地域を不安定化させている」などと中国を非難する決議を採択した。

同非難決議の五日後に突然の掘削作業中止が表明されたことになるが、これは八月一〇日にミャンマーで予定されていたARF（ASEAN地域フォーラム）での対中非難の矛先をかわすための第三十六計「走為上」発動の可能性がある。

中国の譲歩はその後も続いた。八月二九日、ASEAN拡大国防相会議がブルネイで開催された。ここでは、中国はこれまで反対してきた法的拘束力を持つ「南シナ海行動規範（COC）」の早期策定を目指すことにも合意した。

一連の中国の譲歩は、二〇一四年一一月一〇日の北京で開催されたAPECを見据えたものだったのであろう。ASEAN諸国がAPECをボイコットしてしまっては、中国としては〝面子が丸つぶれ〟だとみて、南シナ海の戦略・戦術を修正した可能性がある。

国内問題が対外譲歩をもたらした

こうした対外的な譲歩には国内問題が影響している可能性もある。中国は二〇一四年一〇月に一八期四中全会を控えていた。会議を平穏無事に実施するには、国内テロや騒乱の発生は禁物であった。

しかし、同年七月末に新疆ウイグル自治区のカシュガルで暴動が生起し、報道によれば、数百人単位の死者が出たという。香港では、学生が香港行政長官の直接選挙の在り方をめぐ

って、市中デモ「雨傘革命」を継続していた。（146頁参照）

中国はAPECの開催を控え、強引な取り締まりは控える必要があった。さらに汚職・腐敗問題では、周永康《しゅうえいこう》・元政治局常務委員と徐才厚《じょさいこう》・元中央軍事委員会副主席という二人の〝トラ刈り〟が最終段階にきていた。

中国は四中全会やAPECの開催前に、内政問題の改善を図ると必要があった。そのため、いったん周辺国との軋轢を回避するため、「走為上」を用いて、南シナ海問題から一時的な撤退を狙った可能性がある。

南シナ海問題で繰り返される譲歩と強硬

二〇一五年八月五日、マレーシアのクアラルンプールでのASEAN外相会議に出席した王毅《おうき》・外交部長は「南シナ海での岩礁埋め立てを中止した」と述べた。

同年八月一日から六日まで開催されたASEAN外相会議では、ASEAN事務局長が、「中国の南シナ海での拡張は危険であり、ASEANとの信頼感を喪失させる行為だ」と非難した。

ケリー米国務長官も同会議に出席し、五日に王外相と会談し、中国側に「問題のある行動をやめるように促し、埋め立て・造成・軍事化を進め、緊張を高めていることに懸念を繰り返した」という。

こうした王外相の中止発言の背景には、ＡＳＥＡＮからの圧力回避あるいは中国脅威論の高まりの排除、九月二五日の米中首脳会談を控えての対米懐柔の思惑があったのであろう。

米中首脳会談で南シナ海問題は平行線をたどり、人権問題や「新大型二国間関係」では中国は米国から、なんらの譲歩を引き出すことはできなかった。オバマ・習近平の両首脳の共同記者会見では、笑顔をみせなかった。

中国は二〇一六年から、譲歩戦術である「走為上」が無効であるとみたのか、ふたたび南シナ海での実効支配を強めている。

つまり、中国が繰り出す「走為上」は一時的な撤退戦略であり、新たな攻勢戦略のために一定期間、現状の苦境を立て直すにすぎないものであることを証明した。

わが国に駆使された「走為上」

二〇一四年のＡＰＥＣでは、わが国と中国との首脳会談が三年ぶりに開催された。中国は当初、「尖閣諸島の領有権問題が存在すること」「靖国神社に参拝しないこと」の二つを会談実現の前提条件としていた。これにわが国は応じず、中国側が完全に譲歩した。

ＡＰＥＣという国際政治の場において、「日本外し」にこだわっていては、大国としての

威信に傷がつくと中国は判断したのだろう。嫌々ながら会談に応じた習近平の仏頂面《ぶっちょうづら》が印象に残った。（273頁参照）

中国が会談に応じたもう一つの理由は経済である。中国商務部の発表によれば、二〇一四年上半期の日米欧など主要国から中国への直接投資額が前年同期比から半減した。中国の内需拡大が思うように伸びず、シャドーバンキング問題にかかわる解決の方向性がみえないなか、海外からの直接投資の減額は中国経済の重大なアキレス腱になりかねない。

中国における製造業を中心とする人件費の向上と、政治制度の特殊性・複雑性から、海外資本がＡＳＥＡＮ諸国へと流出する傾向もみえ始めている。

中国は自らの経済成長の鈍化にストップをかけ、国内問題の対応に力点を置くため、いったん、わが国との関係を修復する必要性を認識し、首脳会談に応じたとみられる。

しかし、中国の国内報道はプロパガンダ一色であった。寛大な中国がＡＰＥＣのため朝貢《ちょうこう》した日本の首脳との会談に応じてやったという、〝朝貢外交〟を演出することで、国内からの弱腰批判を回避しようとしたのである。ここには大国としての風格も、習近平・総書記の大人として余裕もみられなかった。

譲歩戦術のあとの巻き返しに注意せよ！

二〇一四年一一月の北京APEC以降、日中関係がやや修復し、一五年四月にインドネシアAPECで首脳会談、一六年四月に北京で日中外相会談が開催された。

二〇一六年の外相会談では、李克強《りこくきょう》・総理が岸田外相との面会に応じるなど、ソフト路線を示したが、王毅・外交部長は「現在の日中関係悪化の原因は日本側にある」「中国脅威論や中国経済停滞論を煽るな」など、あいかわらず厳しい論調で会談に応じた。

戦略的互恵関係の継続、海上衝突回避のメカニズム実施に向けて合意するなどの一定の成果を踏まえ、今後の日中関係のさまざまな修復プログラムが発動されていくとしても、決して楽観視はできない。

中国が海洋正面における領土、主権の問題で妥協することは絶対にありえない。戦略的譲歩を打ち出したあとの強烈な巻き返しともいうべき対日外交の展開には注意が必要である。

終章　わが国も兵法を逆用せよ！

兵法を駆使して戦略・戦術を展開

『中国戦略〝悪〟の教科書―「兵法三十六計」で読み解く対日工作』を、ようやく書き上げることができた。

お断りしておくが、ここでいう〝悪〟とは決して、卑劣、卑怯、愚劣を意味しない。わが国では〝悪〟はもともと剽悍《ひょうかん》さや力強さを表す言葉である。

よって、筆者は中国が兵法を駆使することを、「卑怯な手段」として非難するつもりは毛頭ないし、むしろ、中国が兵法を駆使した戦略・戦術を展開することを〝聖戦〟ととらえたい。

国際政治は国家が自己の「生存」と「繁栄」をかけて、互いに熾烈な国益競争を戦わせる場である。そこには、国際法などの規定はあるものの、本質的には卑劣・卑怯な手などはないのであって、勝つか負けるか、力と知恵の戦いが繰り広げられるのみである。

昨今の日中関係に目を向けた場合、決して対立局面だけが存在するのではない。災害援助などは友好的な国民感情にもとづくものが多いであろうし、国家レベルの経済相互依存関係や、国民レベルの親睦、交流関係はたしかに存在する。

しかし、国益競争から生き残る、万一のための国家防衛に備えるという観点からは、中国の脅威を深刻に認識し、中国が取り得る可能行動を最大限かつ悲観的に見積もり、保守的に対応することが重要であろう。

これがゆえに、本書では『中国戦略〝悪〟の教科書』と題し、中国の現在の戦略意図や可能行動を「深謀遠慮」という視点から描いた。

兵法の王道を忘れた最近の中国

ところで、わが国は中国が繰り出す兵法になす術はないのだろうか？　そんなことはない。たしかに序章や本文中で述べたように、中国は「深謀遠慮」にふさわしい巧妙な戦略・戦術を駆使しているようにみられる。

しかし、最近の中国の行動や発言をみるにつけ、はたして中国兵法の王道が活かされているのだろうかとの疑問もわく。

中国兵法の王道は「戦わずして勝つ」という不戦主義であり、外交・謀略によって勝敗を決するというものである。『兵法三十六計』でいえば、最終計の「走為上《そういじょう》」がもっとも根底をなす。

しかしながら最近の中国は、兵法の王道を忘れたかのように、東シナ海や南シナ海における支配圏の拡大を狙って、力に依存した現状変更を企てている節が見受けられる。そして、それが「中国脅威論」と「対中包囲網」を形成し、自らが不利な態勢を招いているようにみえる。

この背景には、共産主義の終焉によって、新たな国家求心力の担い手として進めてきた「愛国主義」高揚政策が、「安易な妥協を許さない」とする国民世論の圧力となり〝ブーメラン〟のように共産党政権に跳ね返っているのではなかろうか？

あるいは政権内部の権力闘争が強硬な対外政策に走らせているのかもしれない、などと思いをめぐらせているところである。

戦術は成功しても、戦略は失敗

このほか、中国の最近の対日工作にはいくつもの拙劣さが見られる。例を挙げよう。

二〇一〇年九月の中国漁船衝突事件の際、中国はレアアースを禁輸した。かつて鄧小平が

「中東には石油があるが、中国にはレアアースがある。中国はレアアースで優位性を発揮できるだろう」と述べたとおり、中国は日本経済が中国のレアアースに依存しているとみて、〝戦略資源〟を禁輸することで日本経済、ひいてはわが国政府に圧力をかけようとした。『三十六計』の「釜底抽薪《ふていちゅうしん》」（第十九計）である。

しかし、わが国はレアアースへの依存度を低減する技術革新と、インドおよびASEANなどから輸入する多角化戦略・戦術で対抗した。これにより、中国のレアアース価格が暴落し、このことが逆に中国経済を逼迫し、ついに中国が日本にレアアースを輸出したいと言ってきた。まさに「釜底抽底」の計略に溺れたのである。

二〇一六年六月、アジアインフラ投資銀行（AIIB）の「国際諮問委員会」の委員に鳩山由紀夫・元総理が就任した。中国は国際信用力を高めるために、日本、米国の参加を執拗に促しているが、今のところわが国は参加に応じていない。

中国としては、わが国の〝重要人物〟である鳩山元総理を通じてわが国に影響力を及ぼすことを画策しているのであろう。すなわち、「擒賊擒王《きんぞくきんおう》」（第十八計）である。しかし、すでに、鳩山元総理の影響力は喪失しており、これが信用力の獲得につながることはあるまい。

南シナ海の問題では、中国は「領土問題は二国間交渉が基本である」とし、この問題が国際政治の場で取り上げられることや、米国および日本が参加する会議の場で話し合われることを、あの手この手を使って牽制してきた。それは、中国自身が国際法の法理からは、自己の主張が不利であることを認識しているからであろう。だから「張虎離山《ちょうこりざん》」（第十五計）の兵法を駆使し、日米を排除したASEAN会合や二国間交渉に活路を求めているのである。

二〇一三年一月、フィリピンが南シナ海の問題を国際仲裁裁判所に提訴し、二〇一六年七月、中国による「九段線」の主張には法的根拠がないとの判決が下された。

中国はこの判決が中国不利に出ることを予期し、事前に外交戦を展開し、判決の引き延ばしや、域外国はこの問題に関与しないよう働きかけた。また、ラオス、カンボジアに働きかけて、ASEANの結束の切り崩しに出た。

同年七月二五日のASEAN外相会談の共同声明では、こうした中国の戦術が奏功し、国際仲裁裁判所の裁定が盛り込まれなかった。

たしかに中国の戦術はいまのところ成功しているかのように映る。しかし、仲裁裁判所の判決を〝紙くず〟と言い放ち、経済力にものをいわせて、ラオス、カンボジアに圧力を仕掛ける中国に対し、国際社会の目はさらに厳しくなり、「中国脅威論」はいっそう高まることになろう。

戦術は成功しても、戦略は失敗という〝愚作〟を展開していることを中国はいまに思い知ることになるのではなかろうか？

よって、わが国としては、まず中国の可能行動を兵法に基づき分析し、そのプラス効果とマイナス効果を斟酌《しんしゃく》し、そこから我が乗じる弱点を導き出せばよいのである。一歩進めて、わが国も中国兵法を学んで、これを逆用すればさらによいのである。

中国兵法を実践してきた日本

わが国の歴史を回顧するに、戦国武将や日清・日露戦争当時の軍人は、『孫子』などの中国兵法をよく研究し、それを戦いの現場に活かしていた。

戦国武将の織田信長は、武田勝頼の家来の甘利新五郎を「間者」とみなし、甘利の見ているところで、重臣である佐久間信盛をしかりつけ、その面上に鞭をくれた。信盛は無念の目で信長を睨み返し、人々は信長のやり方を「重臣を遇する道ではない」と非難した。

信長方の陣地の要地を死守していた信盛は、その夜、勝頼に内応を示し、「手招きしますから、私の陣地に無二無三《むにむさん》に突進されたい」と誘った。

勝頼は、甘利から信盛が粗末に扱われている状況を知らされていたから、ためらいもなく信盛の誘いを信じ、重臣の反対を押し切って攻撃に出た。だが勝頼の軍は、待ち受けていた信盛に完璧なまでに撃破されたのは言うまでもない。

信長は甘利を利用し、見事なまでに「反間計《はんかんけい》」（第三十三計）と「苦肉計《くにくけい》」（第三十四計）をやってのけた。

先の日露戦争では、わが国は「遠交近攻《えんこうきんこう》」（第二十三計）により、日英同盟を締結し、英国の情報によってロシアの動きをつぶさに把握し、「以逸待労《いいつたいろう》」（第四計）をもって対馬でバルチック艦隊を待ち受け、これを撃破し、明石工作をもってロシア民衆に革命を起こさせ、無政府状態にした。すなわち「混水模魚《こんすいぼぎょ》」（第二十計）の画策である。高橋是清は英国に対し、日本の戦時国債を購入させ戦争資金を獲得し、逆にロシアの戦争資金を枯渇させた。これは「釜底抽薪《ふていちゅうしん》」（第十九計）である。そして、日露双方が早期終戦に向かうように国際世論を仕向け、国際世論の力でロシアに対し講和を迫った。これは「借刀殺人《しゃくとうさつじん》」（第三計）である。

まさに、「正をもって合し、奇をもって勝つ」の『孫子兵法』と『三十六計』が実践されたのである。

中国漁船の大量出没の背景

二〇一六年八月五日以降、中国海警局の公船数隻を含む二〇〇隻以上の中国漁船が尖閣諸島の接続海域に押し寄せてきた。尖閣諸島海域における漁業解禁という自発的な集中という要素も否定されないが、それにしても二〇〇隻以上の漁船とこれを取り締まる中国公船がたびたび領海侵入を繰り返すのは異常であり、中国の戦略意図と無縁ではあるまい。おそらくこれらの漁船のなかには、単なる漁民ではない相当数の海上民兵も含まれていたのだろう。

七月一二日、仲裁裁判所が南シナ海における中国の主張を退けたことについて、わが国は関係国などとともに、中国に対し「国際法を遵守する」よう主張した。

こうしたわが国の行動を、中国は内政干渉であるとみなし、日本が最も挑発的であると批判した。

こうした状況から、筆者は中国が東シナ海で軋轢を生じさせることで、日本側の南シナ海問題への〝関与〟を牽制（第二計「囲魏救趙《いぎきゅうちょう》」）や、中国国民の批判の鉾先を共産党からわが国に〝すり替え〟（第二十一計「金蝉脱殻《きんせんだっこく》」）ることを狙う可能性があるとみていたが、この中国漁船の大量出没はまさにこうした兵法の発動であった可能性がある。

また、八月三日の安倍第二次改造内閣人事および党役員人事との関係も指摘される。中国にとって最悪の人事は、中国が右翼政治家とみる稲田朋美氏の防衛大臣の就任であったろう。逆に最良の歓迎すべき人事は、親中行動をとってきた二階俊博氏（１６２、２７４頁参照）の自民党幹事長への就任であったとみられる。

そして、中国にとって最悪のシナリオは、南シナ海問題で中国国民のナショナリズムが刺激されているなか、八月一五日の終戦記念日に稲田防衛大臣らが靖国を参拝することであったろう。

かりに靖国参拝が行なわれていたならば、習政権としては面子を潰さることとなり、中国国民から〝弱腰政権〟と批判され、政権基盤が大いに揺らぐ可能性があった。時同じくして、中国では北戴河《ほくたいが》会議（毎夏に実施される最高指導部人事などが話し合われる非公開の最重要会議）が開催されており、習主席の責任問題にも発展しかねなかったとみられる。

このような状況下、中国はなんとしても稲田大臣らの靖国訪問を断念させる必要があった。そのため中国は漁船の大量出没をもって牽制した可能性がある。

ところが、中国漁船の大量出没は八月一一日以降ピタリと止んだ。これには九月四日から中国で開催されるG20を成功させる狙いや中国漁船とギリシャ大型船貨物船が衝突し、わが国の海上保安庁が救出したことも多少は影響したであろうが、やはり稲田大臣が靖国参拝を見送り、一三日から海外出張を行なうことを決めたことが大きかったとみられる。

さらに大きな要因は二階幹事長が一〇日、党本部で中国の程永華・駐日大使と会談し、尖閣諸島沖の了解に中国公船が進入を繰り返していることへの懸念を伝えた（二〇一六年八月一一日『読売新聞』）ことであったろう。

小沢一郎・元民主党幹事長の影響力低下以降、二階幹事長は、中国が対日影響力を保持するうえでのキーパーソンである。中国は第十八計の「擒賊擒王《きんぞくきんおう》」を駆使し、重要人物に対して〝成果〟を与えることで、その重要人物の立場を強化し、影響力を逐次に及ぼす戦術をとる。つまり、中国は二階幹事長に〝幹事長就任祝い〟を送る意味で中国漁船の統制に応じた可能性が考えられよう。

兵法をもって中国に対抗せよ!

わが国は、中国に対し、真実を隠蔽してまでも対中譲歩をなすべきではないが、逆に南シナ海問題等における「対中包囲網」を好機として、中国を脱げ道のないまでに追い込むこと(第二十二計「関門捉賊《かんもんそくぞく》」)も得策とはいえない。

すなわち、中国に対する水面下での密使の慎重な活用(ただし中国に対し影響力を有する人物は、逆に中国にとっても獲得工作員になり得るので注意が必要)も含めた硬軟を織り交ぜた手練手管の戦術・戦法が求められるのである。

わが国は米国と一緒になって対中牽制を繰り返すばかりではなく、靖国参拝をちらつかせたり、見送ったり、その一方でアジアの大国となったインドや、いまだ中国の海洋進出に対して関心が薄い欧州などへの外交を活発化させ(第二十三計「遠交近攻《えんこうきんこう》」)、第三国発から対中国牽制を行なう(第三計「借刀殺人《しゃくとうさつじん》」)などの多種の兵法の活用が求められよう。まさに知恵の戦いが求められているのである。

ところで、今日のわが国は、戦前・戦中の暗い記憶が、さまざまな知恵の戦いを課報・謀略として忌み嫌い、それが人権弾圧や非条理な他国への侵略を連想させるということから、かかる活動の歴史を封印しようとしている。兵法についても、課報・謀略と同一視して、学問上の研究にとどまり、現実の国際政治において適用、実践することを躊躇している傾向がある。

しかしながら、昨今、日中間の軋轢が高まるなか、不透明、不確実な情勢に対応するためには、兵法をもって中国の戦略・戦術を読み解くとともに、わが国が兵法をもって中国に対応する時代が到来しているといえよう。

中国の攻勢的な行動を抑制するために、インドとの関係を強化することなどは、国際政治における第二十三計「遠交近攻」の計略の応用であっても、謀略とは無縁である。

わが国が課報・謀略についていかなる態度で臨むかは別に論議することにしても、兵法、旧軍のインテリジェンスおよび課報・謀略などを研究し、現代のインテリジェンスおよび戦略に活かす必要性を、今ひしひしと感じているのは、おそらく筆者だけではあるまい。

資料1　中国軍高官の好戦的な発言

熊光楷・副総参謀長（上将）
1995年1月　米国政府が台湾海峡での武力紛争に介入したら、中国は核ミサイルでロサンゼルスを破壊する。

王在希・台湾事務弁公室副主任（少将）
2003年11月　台湾が独立を表明し、「一つの中国」に挑戦すれば武力行使は回避できない。

朱成虎・国防大学教授（少将）
2005年6月　米国が台湾海峡での武力紛争に介入すれば、核攻撃も辞さない。

馬暁天・副総参謀長（中将）
2010年7月　中国領海に近接する黄海において、このような演習（米韓合同演習）を行なうことを強く反対する。

楊毅・北東アジア開発研究員（少将）
2010年8月　中国の海洋進出は必然で、どんな包囲網も海軍の歩みを阻止できない。

羅援・軍事学会副秘書長（少将）
2011年9月　米国の台湾へのF‐16戦闘機の性能向上支援の発表に、中国は機敏にして巧妙な報復を加えるべきだ。
2012年3月　尖閣諸島に人民解放軍を派遣し、軍の施設を作れ。
2012年12月　我々はタカ派と呼ばれることに反対しない。軍人が積極的に戦いに備えなければ軍隊は維持する意義はあるのか。
2013年1月　私たちは戦争をまったく恐れていない。一衣帯水といわれる中日関係を一衣帯血にしないように日本政府に警告する。
2013年2月　東シナ海で、自衛隊艦船などが接近し、脅威となる場合は、射撃用管制レーダーも照射する。我々も防空識別圏を設定し、警告射撃ができる。

彭光謙・政策科学研究会会員（少将）
2012年9月　自衛隊が釣魚島に上陸すれば、一線を越えたことになる。軍はいつでも使命が履行できる。
2013年1月　全体的な軍事力において、日本は我が国の敵ではない。日本が曳光弾を1発でも撃てば、それは開戦を意味する。中国はただちに反撃し2発目を撃たせない。

徐光裕・軍備管理・軍縮協会理事長（少将）

２０１２年９月　海上自衛隊が釣魚島の12海里に入るか、中国の民間船舶を攻撃すれば、断固として軍事行動をとる。

任海泉・軍事科学院副院長（中将）

２０１２年10月　第２次大戦の教訓を顧みない人が戦後の国際構図に挑んでいる。

劉源・総後勤部政治委員（上将）

２０１３年２月　いま国家の最も重要な目標は平和と発展を成し遂げる戦略的な機会を維持することだが、戦争が避けられない場合は戦争をするという点を排除してはならない。

戚建国・副総参謀長（上将）

２０１３年２月　国家主権を必ず守らなければならず、一寸の領土も減らしてはならない。

張召忠・国防大学教授

２０１３年12月　中国は平和を懇願すべきではない。戦いによって、日本に失敗の末路をはっきりみせるべきだ。

資料2　尖閣諸島、ガス田をめぐる経緯

１５３２年　中国の文献『冊封使録』に航海の目印（無人島）として尖閣諸島が登場。琉球は領土としては未記録。

１８８５年　日本政府は現地調査を実施し、諸外国の支配が及んでいないことを確認。

１８９５年　日本が閣議決定で尖閣諸島を沖縄県（八重山郡）に編入。

１９３２年　個人に払い下げ（古賀氏が鰹節製造所を開き、最盛時には約85人が居住）。

１９５１年　「サンフランシスコ平和条約」締結。米国による信託統治が決定。

１９６８年　国連の経済委員会が「尖閣諸島周辺の大陸棚に石油埋蔵の可能性あり」と発表。

１９７１年　６月に台湾、12月に中国が尖閣諸島の領有権を主張。

１９７２年　５月に沖縄が日本に返還。

・９月、日中共同声明が調印。同声明に尖閣諸島に関する言及なし。

１９７８年　４月、機銃で武装した１００隻を超え

る中国漁船が領海侵犯。
・8月、鄧小平が「棚上げ論」を提案。
・8月、日中平和友好条約が締結。
1992年　2月、中国「領海法」を採択し尖閣諸島の領有を明記。
・台湾国防部が与那国島および尖閣諸島上空に飛行制限区域（ADIZ）を設定。
1996年　7月、日本は「国連海洋法条約」を締約。
・7月、日本の政治結社が尖閣諸島の北小島に灯台を設置。
・9月、チャーター船で同諸島海域に侵入した香港活動家が水死。
・10月、台湾と香港の活動家が魚釣島に上陸。五星紅旗と青天白日旗を掲揚。
1997年5月　日本の新進党議員が魚釣島に上陸。中国外交部はこれに対し「主権侵犯」と激しく抗議。
1999年　中国、平湖ガス田で天然ガスの生産を開始。
2004年3月　中国人活動家が魚釣島に上陸。沖縄県警が身柄を拘束し、2日後に強制送還。
2004年6月　日本政府、中国が白樺（春暁）ガス田の本格開発に着手したことを確認。外交ルートを通じて即時中止を要求。
2005年7月　中川昭一通産大臣、帝国石油に試掘権を付与。中川大臣は農水大臣に異動、二階俊博が通産大臣に任命されるも、日本による試掘は頓挫。
2005年9月　中国、日中中間線から4キロの位置で樫（天外天）ガス田の生産を開始。
2005年10月　日中局長級会議で、日本政府が日中中間をまたぐガス田の共同開発を提案。
2005年11月　中国、日中中間線から1・5キロの位置で白樺ガス田の生産を開始。
2008年6月　中国、白樺ガス田の共同開発相手として日本企業の参加も認めると伝達。日中両政府はガス田問題で合意。
・尖閣領海内で台湾漁船と海保巡視船が衝突し台湾漁船が沈没。乗員は全員救助。台湾側は尖閣諸島の主権を主張するとともに抗議船の出港を容認。巡視船9隻を派遣し領海に侵入。
2008年12月　中国国家海洋局所属の「海監」2隻が尖閣諸島領海内に初侵入。9時間以上にわたり周回などの航行を実施。中国外交部は「正常なパトロールであり、いつ派遣するかは中国側の自由である」と表明。

2009年1月　産経新聞が日中両政府の合意後も、中国が樫ガス田を単独開発している事実を公表。

2009年12月　中国が「島嶼保護法」を制定。尖閣諸島などの無人島はすべて国有地として、島嶼の開発を禁じ沿岸部の開発状況を国家が管理することを規定（2010年3月）から施行。

2010年3月　中国海軍は、沖縄、沖ノ鳥島近海で軍事訓練。艦載ヘリによる海上自衛隊護衛艦への異常接近行為、海自のP3C哨戒機に対して中国艦が速射砲の照準を合わせる行為などが生起。

2010年4月　海自のP3C哨戒機に速射砲の照準を合わせる行為が再び生起。

2010年5月　3日、中国の海洋調査船が日本の排他的経済水域内で調査中の海上保安庁測量船に接近し、調査の中止を要求する事態が発生。

・11日、中国、『2010年海洋発展報告』発表。海洋強国建設を国家戦略の柱に掲げ、東シナ海における主権、領有権の拡大と海洋権益の確保を強化する姿勢を強調。

・16日、『産経新聞』は中国が日本に対し、白樺ガス田を共同開発より格下の「出資」とするよう要求したと報道。鳩山由紀夫総理はこの要求を受け入れ、出資比率の5割超を中国側に譲る方針を決定（？）。

2010年7月　日中両政府が東シナ海ガス田共同開発に向けた条約交渉の初会合を27日に東京で開催。第1回交渉を外務省で開催し、交渉の早期妥結を目指すこと、今秋に北京で第2回交渉を開催することで合意。

2010年9月　8日、尖閣諸島の領海内で、中国漁船が海保巡視船に衝突。

・11日、中国が東シナ海ガス田共同開発に関する条約締結に向けた第2回交渉の延期を決定。

・17日、中国が白樺ガス田に掘削ドリルを搬入していることが確認。

・24日、資源エネルギー庁は自民党外交部会で、中国が白樺ガス田の掘削を始めた可能性が高いとの認識を提示。

2012年1月　日本政府、中国が樫ガス田の採掘施設から炎が出ているのを確認。
・人民日報が「釣魚島周辺の島に名前をつける企ては、中国の核心的利益を公然と損なうことだ」と報道。一部香港紙が「（中国政府は尖閣諸島を）核心的利益に位置づけた」と報じたことがあるが（2010年10月）、政府系メディアが尖閣諸島を「核心的利益」と表現するのは初めて。
2012年4月 石原都知事が米国における講演で、魚釣島等を東京都が購入する方針を発表。
2012年7月 野田総理が、国として魚釣島等の購入を検討している旨を発表。
2012年8月 香港活動家らを乗せた船舶が尖閣諸島領海内に侵入。活動家7人が魚釣島に上陸。
2012年9月・10日、日本政府が尖閣諸島を国有化する方針を正式に確認。
・10日、中国政府が尖閣諸島の「国有化」は中国の領土主権の侵害で、「断固反対する」との声明発表。
・中国国内で反日デモの発生、日中国交正常化40周年記念式典、各種の交流事業の延期・中止。
2012年9月〜 中国公船の領海侵入が常態化。
2012年10月 中国軍艦艇7隻が与那国島と西表島の間の接続水域を初めて通過。
2012年12月 尖閣諸島上空で中国国家海洋局所属のY‐12が領空侵犯。
2013年1月 中国海軍フリゲート艦が海自護衛艦に対し、約3キロ離れたところから約3分にわたって射撃管制レーダー（FCレーダー）を照射。
2013年4月 中国外務省の華春瑩・報道官は、「釣魚島は中国の領土主権に関する問題であり、当然、中国の核心的利益に属する」と発言。中国政府が尖閣を「核心的利益」と初めて明言。
2013年7月 Y‐8早期警戒機が宮古海峡上空を通過して西太平洋に進出。
2013年9月 中国のH‐6爆撃機×2が沖縄本島と宮古島の上空を通過して太平洋まで往復飛行。
2013年10月 Y‐8早期警戒機×2とH‐6爆撃機×2が沖縄本島と宮古島の間を通過して太平洋まで往復飛行。
2013年11月 中国、尖閣諸島を含む東シナ海上空に防空識別圏（ADIZ）を設定。

2014年5月 中国のSu‐27戦闘機×2が東シナ海上空で自衛隊のYS‐11EB電子情報収集機に約30メートルまで接近。

2014年10月 赤サンゴの密漁（？）を狙う中国漁船が小笠原沖に200隻以上出没。

2014年11月 日中首脳会談が開催（北京APEC）。安倍総理が中国による東シナ海ガス田開発の海洋プラットフォーム増設に強く抗議。

2015年4月 日中首脳会談（インドネシアAPEC）で、安倍総理が中国による東シナ海ガス田開発の海洋プラットフォーム増設に強く抗議。

2015年7月 日本政府、2013年6月以降に確認した12基を含む施設計16基の写真を公開。

2015年10月 中国外務部、日本側のガス田中止要求に対し「日本は東シナ会問題をめぐる共通認識を正確に理解し、理不尽な要求をこれ以上するな」と拒絶。

2015年11月 尖閣諸島の南側の石垣島との間で、中国防空識別圏に沿うようにして、中国の「トンディアオ（東調）」級情報収集艦が約20時間徘徊。

・中国H‐6爆撃機×8、TU‐154情報収集機、Y‐8情報収集機、Y‐8早期警戒機の合計11機が沖縄本島と宮古島の上空を飛行、航空自衛隊戦闘機がスクランブルを実施。中国当局、ADIZの警戒飛行と発表。

2015年12月 武装した中国公船「海警31239」が22日～23日（その他3隻とともに）久場島の接続水域に侵入。2日間にわたって遊弋。26日、「海警31239」は久場島北方沖から相次いで日本の領海内に侵入。23～26日には、「トンディアオ」級情報収集艦が房総半島南東沖で数回にわたって反復航行を実施。

2016年1月 8日と13日に武装した中国公船海警「31241」が久場島西方から領海に侵入。

・30日、尖閣諸島の大正島周辺のわが国EEZで中国海洋調査船「向陽紅14」が円筒状の機器のようなものを海中に投入。

・31日、中国軍の情報収集機Y‐9とY‐8が対馬上空、九州や山陰沖の日本海上空を飛行。

2016年1月～2月 中国海軍の駆逐艦、フリゲート艦が日本列島を一周。

2016年2月 「トンディアオ」級情報収集艦が千

葉県房総半島の南東沖で特異な航行。

2016年6月　7日、中国軍戦闘機J-10が東シナ海の公開上で警戒監視活動を行なっていた米軍電子偵察機RC-135に異常接近。

・9日未明、中国海軍の「ジャンカイ」級フリゲート艦がロシア軍艦3隻を追跡するかたちで、尖閣諸島の接続水域に侵入（同海域において軍艦が接続水域まで侵入したのは初めて）。

・13日、鹿児島県奄美大島の北西EEZで中国海洋船「科学」がワイヤのようなものを海中にたらす。

・15日、「トンディアオ」級情報収集艦がインド海軍の艦艇2隻を追求するかたちで鹿児島県口永良部島の西の領海に侵入。（領海への軍艦侵入は2014年以来2回目）。

・17日、中国軍機2機が空自のスクランブル機に攻撃行動を実施（?）。

2016年8月　中国海警局の公船とともに約300隻もの漁船が尖閣諸島付近海域に出没。

資料3　中国の南シナ海進出の経緯

1973年　南ベトナムから米軍が撤退。

1974年　中国、西沙諸島の全域奪取。

1975年　南ベトナム崩壊。

1980年代半ば　在ベトナムソ連軍の規模縮小。

1988年　中国、西沙諸島に2600メートルの滑走路を建設。

1988年　中国、スプラトリー諸島（南沙諸島）の6島（ジョンソン南礁など）の奪取に成功。

1992年　米軍がフィリピンから撤退。

1995年　中国、ミスチーフ礁（美済礁）を奪取。建築物の建設開始。

1995〜98年　中国、ミスチーフ礁にコンクリート建造物構築。

2002年　ASEANと中国、「行動宣言」発表。

2009年　マレーシアとベトナム、共同して国連大陸棚限界委員会に対し、自らのEEZおよび大陸棚境界案を提出。

2009年3月　中国、米音響測定艦「インペカブル」に対する妨害。

2010年3月　中国高官、訪中したスタインバーク米国務副長官に「南シナ海は中国の核心的利益だ」と発言（?）。

2010年6月　漁業監視船「海監」がナトゥナ諸島付近でインドネシア警備艇を威嚇する事件が生起。

2010年7月　中国海軍、南シナ海で北海、東海、南海の三艦隊の主力艦艇による実弾射撃訓練を実施（CCTVが報道）。

2010年8月　南シナ海で、米国とフィリピン海軍の共同訓練が実施。米空母「ジョージ・ワシントン」がダナン港に寄港。

2010年8月　中国、南シナ海の海底に潜水艇を使って国旗を設置。

2011年3月　フィリピン、石油探査船がリード・バンク海域において中国監視船から妨害を受けたと公表。

2011年5月　ベトナム、資源探査作業中の船舶が中国公船に妨害を受けたと中国側に抗議。

2012年4月　中国監視船がスカボロー礁（黄岩島）に常続配備を開始。

2012年6月　ベトナム、領海における無害通航に対し事前通報を求める「海洋法」を設立。

・中国は西沙、中沙、南沙を総称して三沙市を設置。

2012年10月　中国国家海洋局の劉賜貴局長が海南省の会合で「南シナ海の戦略的位置づけは重要で、南シナ海での権益保護はわが国の核心的利益にかかわる」と強調。

2013年1月　フィリピン、国連海洋法条約に基づき、南シナ海の領有権をめぐり仲裁裁判所に提訴。

2013年5月　中国、セカンド・トーマス礁（仁愛礁）周辺に艦船を派遣、フィリピン軍の補給活動を妨害。

2013年6月　中国がスカボロー礁に軍事施設を建設していると、フィリピンが発表。

2013年9月　フィリピン国防省、中国がスカボロー礁にコンクリートブロックを設置したと発表。

2014年3月　中国、セカンド・トーマス礁に座礁したフィリピンの「シエラ・マドレ」号への輸送を妨害。

2014年4月　中国、西沙沖で石油掘削作業を開始。ベトナムとの軋轢上昇。

・フィリピン、米比拡大防衛協力協定を締結。

2014年5月　フィリピン外務省、中国がジョンソン南礁（赤瓜礁）を埋め立てているとして、時系列の写真を公開。
・フィリピン、ＡＳＥＡＮ首脳会談（ミャンマー）の場で、中国による南シナ海埋め立てを問題提起。中国、これを主権範囲内の行動と拒否。

２０１４年８月　フィリピン、中国に対し、「南シナ海行動宣言」に違反していると抗議。

２０１４年10月　英国の国際軍事専門誌『ＨＩＳジェーンズ・ディフェンス』がファイアリー・クロス礁（永暑礁）での人工島の記事を掲載。米国は、中国に埋め立ての中止と関係国に同様の行為を行なわないように忠告。

２０１４年11月　中国人民解放軍の羅援少将が、ファイアリー・クロス礁に滑走路などの人工島を建設していることを認めたうえで、「正当な行為だ」と米国に対し反論。

２０１５年１月　中国海軍や中国海警局の艦船が南シナ海海域に頻繁に出没。示威行為を繰り返す。

２０１５年５月　クアテロン礁（華陽礁）、ジョンソン南礁で灯台建設開始。
・国際空域を飛行していた米軍Ｐ‐８ポセイドン哨戒機に対し、中国海軍が退去を命じる交信を計８回実施。
・シンガポールのアジア安全保障会議で南シナ海での岩礁埋め立てに関して、孫建国副総参謀長が「正当かつ合法であり、埋め立ての目的の一つとして軍事防衛上の必要性を満たす」と言明。

２０１５年６月　中国外交部の華春瑩報道官は、「埋め立て作業はスベテ完了した」と述べ、今後の関連施設の建設にあたっては、「当然、軍事防衛上の必要性を満たすことも含む」と発言。

２０１５年７月　米国シンクタンクＣＳＩＳ（戦略国際問題研究所）が、浅瀬を埋め立てて施設の建設を続けているファイアリー・クロス礁の衛星写真を公開。３０００メートル級の滑走路、２つのヘリポート、10基の衛星通信アンテナ、レーダー塔とみられる施設などが確認される。

２０１５年８月　ＣＳＩＳ、スービ礁（渚碧礁）の最新の衛星写真を分析。人工島に幅２００〜３００メートル、２０００メートル以上の直線の陸地ができていることを確認。３０００メートル級の滑走路の建設の可能性を示唆。

・米国防省、『アジア太平洋での海洋安全保障戦略』と題した報告書を公表。中国が2013年12月に南沙諸島での埋め立てを開始し、2015年6月までに約12平方キロを埋め立てたことを公表。
2015年9月 CSISがミスチーフ礁に新たに滑走路を建設している衛星写真を公表。ファイアリー・クロス礁には3125メートルの滑走路、スービでも建設が進展。
・クアテロン礁、ジョンソン南礁の灯台が完成。
・米中首脳会談における南シナ海問題の進展なし。
2015年10月 中国、スービ礁に灯台建設を開始。
・中国、ジョンソン南とクアテロンに灯台完成。
・米国、人工島から12海里内に軍艦を派遣することを決断。米海軍横須賀基地所属のイージス艦「ラッセン」がスービ礁の12海里以内を航行。「航行の自由」作戦を実施。
・仲裁裁判所は、フィリピンが2013年1月に提訴した南シナ海をめぐる領有に関して、自らの審議の管轄権があると判断。
2015年11月 南シナ海を航行中の米空母「セオドア・ルーズベルト」にカーター国防長官が視察乗艦。
グアム・アンダーセン空軍基地所属のB-52爆撃機2機が人工島付近を飛行。
2015年12月 米軍爆撃機がクアテロン礁の人工島から2海里内を飛行。悪天候により、異常接近したと報告。
2016年1月 中国外交部、ファイアリー・クロス礁の飛行場建設の完成と、滑走路を使用して試験飛行を行なったことを公表。
・中国、西沙諸島の大規模な埋め立て開始。
・台湾の馬英九が、スプラトリー諸島最大の太平島を視察。米国は台湾を非難するも、中国は台湾を擁護。
・米海軍のイージス駆逐艦「カーティス・ウィルバー」がパラセル諸島（西沙諸島）から12海里内を航行。中国外交部は批判声明を発表。
2016年2月 CSISが、中国がクアテロン礁にレーダー施設を建設していることを公表。
・米FOXニュースは2月16日、ウッディー島（永興島）の海岸に地対空ミサイルを配備したと、報道。
2016年3月 米空母「ジョン・ステニス」とミサ

イル巡洋艦など4隻が南シナを航行（空母は3月7日からの米韓合同軍事演習に参加）
・フィリピン、国内5カ所の軍用基地を米軍の活動拠点として使用することに合意。
・中国、西沙諸島に対空ミサイル（C－602、HQ－9）を配備。
・米国防省、南シナ海に中国がADIZを設定することを認めないとする方針を強調。

2016年4月　スービ礁に灯台が完成。
・フィリピン軍、米比共同演習「バリカタン2016」を実施。
・范長竜中央軍事委員会副主席がスプラトリー諸島を視察。駐留軍人、建設作業員を慰問。
・中国軍の輸送機がファイアリー・クロス礁に着陸（建設作業員の緊急医療搬送？）。

2016年5月　米国防省、『中国の軍事力に関する年次報告』発表。中国が南シナ海で2015年末までに埋め立てた面積は約13平方キロに達したと分析。

2016年7月　国際仲裁裁判所が中国の「九段線」に基づく主権を否定。

・ASEAN外相会議の共同声明は国際仲裁裁判所の南シナ海裁定を盛り込まず。

参考文献

上田篤盛『戦略的インテリジェンス入門』（並木書房、二〇一五年）
上田篤盛『中国が仕掛けるインテリジェンス戦争』（並木書房、二〇一六年）
エドワード・ルトワック『中国4．0　暴発する中華帝国』奥山真司訳（文藝春秋、二〇一六年）
遠藤誉『完全解読「中国外交戦略」の狙い』（WAC、二〇一三年）
大橋武夫『統帥綱領』（建帛社、一九七二年）
大場弥平『孫子兵術の戦史的研究』（九段社、一九五九年）
岡田英弘『妻も敵なり　中国人の本能と情念』（クレスト社、一九九七年）
落合豊三郎『孫氏例解』（軍事教育会、一九一七年）
カイハン・クリッペンドルフ『兵法三十六計の戦略思考　競合を出し抜く不戦必勝の知謀』辻谷一美訳（ダイヤモンド社、二〇〇八年）
河添恵子『中国人の世界乗っ取り計画』（産経新聞社、二〇一〇年）
黄文雄『中国人の8割は愚か！』（李白社・フォレスト出版、二〇一一年）
朱逢甲『間書』守屋洋訳（徳間書店、一九八二年）
杉本信行『大地の咆哮』（PHP、二〇〇六年）
張可炳『孫氏の謀略』（JCA出版、一九七九年）
デイヴィッド・ワイズ『中国スパイ秘録 米中情報戦の真実』（原書房、二〇一二年）
中国古典兵法書『六韜』林富士夫訳（教育社、一九八三年）
ハロー・フォン・センゲル『兵法三十六計　かけひきの極意』石原薫訳（ダイヤモンド社、二〇〇八年）
ヘンリー・A・キッシンジャー『キッシンジャー回顧録』堀越敏彦ほか訳（岩波書店、二〇一二年）
永井義男『中国軍事成語集成』（徳間文庫、一九九三年）

中嶋嶺雄編著『歴史の嘘を見破る　日中近現代史の争点35』（文藝春秋、二〇〇六年）
福田晃一『中国人に学ぶ「謀略の技術」』（PHP、二〇〇七年）
古田茂美『兵法がわかれば中国人がわかる』（ディスカヴァー・トゥエンティワン、二〇一一年）
惠隆之介『沖縄が中国になる日』（扶桑社、二〇一三年）
守屋洋『兵法三十六計　古典が教える人生訓』（三笠書房、一九八二年）
守屋洋『史録　中国の兵法』（徳間文庫、一九七八年）
守屋洋・守屋淳『司馬法・尉繚子・李衛公問対』（プレジデント社、二〇一四年）
山口修『この一冊で「中国の歴史」がわかる！』（三笠書房、一九九六年）
リンダ・ヤーコブソンディーン・ノックス『中国の新しい対外政策』（岩波新書、二〇一一年）
李天民『中共の革命戦略』（東邦研究会、一九五九年）
産経新聞外信部監訳『中国人の交渉術―CIA秘密研究』（文藝春秋、一九九五年）
袁翔鳴『蠢く！中国「対日特務工作」マル秘ファイル』（小学館、二〇〇七年）
不子智舜ほか『高技術戦争謀略』（国防大学出版社、一九九三年）
王貴元ほか『中国古兵書名著精華』（警官教育出版社、一九九三年）
毛国強ほか『当代軍官百科辞典』（解放軍出版社、一九九七年）

おわりに

本書は平成二七年一一月から平成二八年八月までの一〇カ月間にわたり、メールマガジン「軍事情報」に『兵法三十六計』というタイトルで連載した記事をベースに加筆修正したものである。

メルマガの開始にあたって、「食傷ぎみともいえる兵法の解説や歴史事例を述べるのではなく、兵法が現実の中国の戦略にいかに反映されているかを中心に語ってほしい」との読者の要望に応えるべく、『三十六計』と中国の戦略的意図との関連性を考察してきた。

読者からは、「中共はいかなる行動原理で動いているかについて『四書五経』を含む種々の本を読んだがさっぱりわからなかった。その時に出会った本メルマガは、私が知りたかったことに〝ドンピシャリ〟という感じで、本当に嬉しく思う」「大変重要な内容である。この『三十六計』と『孫子』が中共の対日戦術の核心にあり、出版が望まれる」などのお便りをいただいた。これらは筆者にとって大きな励ましとなり、ここに本書が完成したという次第である。心より御礼申し上げる。

思い返せば、情報分析官としての日々は、相手国の政治的・軍事的意図をいかにして解明するかという「自問自答」に終始した。かかる意図はインテリジェンスでいうところの〝ミステリー〟に相当し、そもそも解明は不可能に近い。そこで、何か解明のよりどころはないかと苦心して探した結果、ひとつの視座として辿りついたのが中国兵法である。

いわずもがなではあるが、今日の中国指導者が『孫子』をはじめとする古《いにしえ》の兵法に完全に依拠《いきょ》しているはずはないし、多元的な社会構造に変化している中国において指導者が国民世論を無視して一元的に意思決定を行なうこともない。すなわち、兵法がすべてでないことは当たり前のことである。

しかしながら、現指導者が兵法を知悉し、米国などの研究機関が「中国指導者が兵法を現代の戦略・作戦に採り入れている」とみていることもまた事実なのである。であるならば、安全保障上の脅威を評価することを狙いとするインテリジェンスの領域に、兵法を一つの視座として活かさない手はない。

すでにわが国で『三十六計』にもとづくビジネス書は巷に多数頒布されているが、本書は同兵法にもとづく初の戦略書にしてインテリジェンス書であると自負している。この本を読まれた読者はかならずや、これまでとは異なる視点、複眼的な視点で中国情勢をみようとの思いに至るであろうし、確実に情報分析と情勢評価の力が向上すると信じて疑わない。

本書は、筆者の前二作『戦略的インテリジェンス入門』と『中国が仕掛けるインテリジェンス戦争』と同様、「インテリジェンス・リテラシー」向上の啓蒙書となるよう願っている。『戦略的インテリジェンス入門』では主として情報を収集・分析し、インテリジェンスを作成する要領について記述した。『中国が仕掛けるインテリジェンス戦争』では、中国の情報活動という具体的な題材を取り上げて記述した。

そして本書は、中国兵法という切り口からインテリジェンスの目的である相手国の戦略的意図を見積もることを意識した。

本書の一部内容には、とくに『中国が仕掛けるインテリジェンス戦争』と重複する部分が少なからずある。ただし、前者が一般書と専門書の中間という位置づけを目指したのに対して、本書は一般書として幅広くお読みいただけるよう平易性と簡素性を重視した。〝姉妹書〟ともいうべき前著とともに本書をお読みいただければ、中国の戦略や活動に対する理解がさらに深まると思われる。

最後にこの書が、メルマガ『軍事情報』の読者をはじめとする多くの方々のお手元に届き、巷でのインテリジェンス論議が少しでも活性化し、わが国の「インテリジェンス・リテラシー」の向上に一役買うことを切に願うものである。

平成二八年九月

上田篤盛

上田篤盛（うえだ・あつもり）
1960年広島県生まれ。元防衛省情報分析官。防衛大学校（国際関係論）卒業後、1984年に陸上自衛隊に入隊。87年に陸上自衛隊調査学校の語学課程に入校以降、情報関係職に従事。92年から95年にかけて在バングラデシュ日本国大使館において警備官として勤務し、危機管理、邦人安全対策などを担当。帰国後、調査学校教官をへて戦略情報課程および総合情報課程を履修。その後、防衛省情報分析官および陸上自衛隊情報教官などとして勤務。2015年定年退官。現在、軍事アナリストとして活躍。メルマガ「軍事情報」で連載。著書に『中国軍事用語事典（共著）』（蒼蒼社）、『中国の軍事力 2020年の将来予測（共著）』（蒼蒼社）、『戦略的インテリジェンス入門―分析手法の手引き』（並木書房）、『中国が仕掛けるインテリジェンス戦争』（並木書房）など。

中国戦略《ちゅうごくせんりゃく》“悪《あく》”の教科書《きょうかしょ》
―『兵法三十六計』で読み解く対日工作―

2016年 9 月25日　印刷
2016年10月10日　発行

著　者　上田篤盛
発行者　奈須田若仁
発行所　並木書房
〒104-0061東京都中央区銀座1-4-6
電話(03)3561-7062　fax(03)3561-7097
http://www.namiki-shobo.co.jp
図　版　　神北恵太
印刷製本　モリモト印刷
ISBN978-4-89063-344-9